いちばんやさしい！ いちばんおいしい！
キッシュ & タルト

三宅郁美

Quiche & Tarte

はじめに

私がずっと作りたかったキッシュとタルトの本が完成しました。

おいしいキッシュやタルトを作るのは、実はとても簡単で楽しい。
そのことを知ってもらいたくて、たくさんのアイデアを提案しました。

生地作りは、材料をひとまとめにして、容器に入れて振るだけ。
具材となるフィリングは、冷蔵庫の残り物や和の素材などお好みで。
基本の作り方さえ知っておけば、バリエーションは無限に広がります。
特別な日のテーブルに、そしてお呼ばれのときのプレゼントにも
ぴったりのキッシュ＆タルト。
もちろん、みんな気軽に作れるレシピですから、
ふだんのランチやティータイムにもどんどん取り入れてみてください。

オーブンの扉を開けるときのワクワクした気持ちや、
焼きたてのアツアツをいただくときの幸せ、
こんな特権が味わえるのは、手作りならでは。
ぜひ、あなただけのキッシュやタルトを楽しんでくださいね。

三宅郁美

CONTENTS

はじめに‥‥‥‥2

PART 1
ラクラク生地で焼いてみよう

基本の生地の作り方‥‥‥‥8

基本のキッシュ
ほうれん草とベーコンのキッシュ‥‥‥‥12

基本のタルト
ベイクドチーズのタルト‥‥‥‥16

生地のアレンジ‥‥‥‥20

ふち飾りいろいろ‥‥‥‥22

おいしく食べるために‥‥‥‥24

PART 2
お手軽キッシュ

卵ベース

新たまねぎのキッシュ‥‥‥‥26

生ウニとそら豆のキッシュ‥‥‥‥28

たけのことチャーシューのキッシュ‥‥‥‥29

うなぎリゾットのキッシュ‥‥‥‥30

ホタテと菜の花のキッシュ‥‥‥‥32

2色アスパラガスのキッシュ‥‥‥‥33

トマト風味

トマトとモッツァレラのキッシュ‥‥‥‥34

オイルサーディンのキッシュ‥‥‥‥36

なすとチョリソーのキッシュ‥‥‥‥37

ラタトゥイユのキッシュ‥‥‥‥38

カレー風味

カニとアボカドのキッシュ‥‥‥‥40

豚キムチのキッシュ‥‥‥‥41

クリーム風味

鶏ささみとかぶのキッシュ‥‥‥‥42

里芋と豆のキッシュ・ブルーチーズ風味‥‥‥‥44

マカロニとコンビーフのキッシュ‥‥‥‥45

マヨネーズ風味
えびとカリフラワーのキッシュ…………46
ツナとブロッコリーのキッシュ…………47

チーズ風味
フルーツと生ハムのキッシュ…………48
きゅうりとスモークサーモンのキッシュ…………49
じゃがいもとカマンベールチーズのキッシュ…………50
りんごとスパムのキッシュ…………51

アンチアレルギー
鮭と長ねぎのキッシュ…………52
漬けまぐろと山芋のキッシュ…………54
肉じゃがのキッシュ…………55
ニース風サラダのキッシュ…………56
白菜とベーコンのキッシュ…………57

型いらず
パプリカのオイルマリネキッシュ…………58

パンでキッシュ
ミートボールのパンキッシュ…………60
ハッシュドビーフのパンキッシュ…………62
牛ステーキのパンキッシュ…………63

余った生地でもう1品
ウインナー巻き、ごまのプレッツェル…………64

PART 3
簡単タルト

フルーツ
りんごのタルト…………66
いちごミルクのタルト…………68
ブルーベリーのタルト…………69
チェリーのタルト…………70
レモンのタルト…………72
パイナップルのタルト…………73

チョコレート
チョコレート・ガナッシュのタルト…………74
くるみとレーズンのブラウニー・タルト…………75

カスタードクリーム
2色オレンジのタルト…………76
エッグタルト…………78
フレッシュフルーツのタルト…………79

アーモンドクリーム
洋ナシのタルト…………80
マロンのタルト…………82

チーズ
レアチーズのタルト…………84

アンチアレルギー
甘納豆と抹茶のタルト…………86
プチトマトのタルト…………88
パンプキンクリームのタルト…………89

型いらず
シナモンのロールタルト…………90

余った生地でクッキー3種
ココナッツクッキー、マシュマロサンドクッキー、スティッククッキー………… 92

道具リスト…………94

本誌の決まり
◎計量の単位：大さじ1は15ml、小さじ1は5ml、1カップは200mlです。
◎卵はMサイズを使用しています。
◎オーブンの加熱温度、加熱時間、焼き上がりは機種によって異なります。表示の時間を目安に、使用するオーブンに合わせて調整してください。

PART 1
ラクラク生地で焼いてみよう

ラクラク Point

1 材料……パターンを覚えればアレンジ自在
2 混ぜる……密閉容器に入れて振るだけ
3 のばす……打ち粉ナシで簡単おいしい
4 型に敷く……ラップを使ってスムーズに
5 から焼きする……ちょっとの手間でうんとおいしく

基本の生地の作り方

この本で紹介しているキッシュやタルトの生地は、本格的なおいしさなのに作り方は驚くほどシンプルです。例えば、どのレシピでも材料の薄力粉とバターの比率は2：1で、混ぜ合わせるのも容器に入れて振るだけ。ここでは、ひとつ覚えるだけで、さまざまな種類にアレンジできる基本の行程をマスターしていきましょう。

用意するのは、①焼き型、②めん棒、③ペティナイフ、④密閉容器、⑤ゴムべら、⑥ラップ。これにパイウエイトや粉をふるうザル、ピケをするフォークなどがあればOK。

(1) 材料 —— パターンを覚えればアレンジ自在

※以下の材料で、本誌のレシピすべてを作ることが可能。

キッシュ
直径18cm 1台
or
10cm 4個分

- 薄力粉——200g
- 塩——小さじ¼
- 卵黄——1個
- 水——大さじ1〜2
- バター（無塩）——100g

粉砂糖をプラスするだけ

タルト
直径18cm 1台
or
10cm 4個分

- 薄力粉——200g
- 塩——小さじ¼
- 粉砂糖——大さじ2
- 卵黄——1個
- 水——大さじ2〜3
- バター（無塩）——100g

※入れる水の量の調節についてはP9の⑤を参照。
※バターはオリーブ油やショートニングに替えてもOK。

(2) 混ぜる— 密閉容器に入れて振るだけ

※スタート前に、バターを耐熱容器に入れ、電子レンジで30秒加熱して溶かしておく。

1. 薄力粉と塩（タルトの場合は粉砂糖も）を混ぜ、ザルでふるいながら密閉容器に入れる。

2. 真ん中にくぼみを作り、卵を水で溶いた卵水を加える。

3. 卵水と同じ場所に溶かしバターを加える。

Point 上下左右に30回ほど振ればOK！

4. きっちりとふたを閉め、両手で持って上下左右に30回ほど振る。

他にこんな混ぜ方でも作れます

ビニール袋で
材料を入れ、ひとまとまりになるまでもむ。

フードプロセッサーで
薄力粉と1cm角のバターを入れて撹拌し、卵と水を入れて再度撹拌。

5. 混ぜ終わりは、ひとまとまりになっていれば十分。粉が少し残っている状態がベスト。まとまらない場合は、水大さじ1を加減しながら加えてゴムべらでさっくりと混ぜる。

6. ふたや縁についている生地をゴムべらでこそげ取る。

7. ラップを30cm四方になるように切り、真ん中に生地を置く。
※市販されている大サイズのラップは、ほとんどが幅30cmなので正方形に切ればいい。

8. 厚さ2cmくらいの円形にまとめ、冷蔵庫で30分以上休ませる。

（3）のばす— 打ち粉ナシで簡単おいしい

Point 粉っぽくなく、キッチンもきれい！

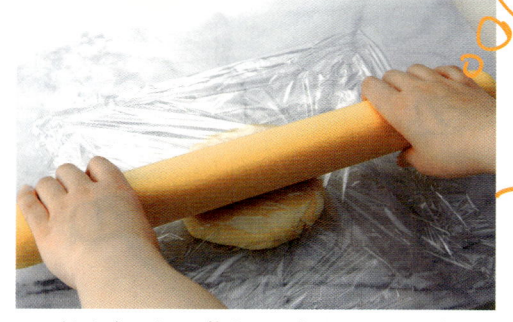

1. 平らな台の上で、休ませた生地のラップを広げて、上にも同じ大きさのラップをかぶせ、中央部分から上や下に向かってめん棒でのばす。45度ずつ回転させると、均一の厚さで丸く仕上がる。
※生地がゆるんだら、扱いやすくなるまで冷蔵庫で休ませる。

2. 端が割れてきたら、その部分を中に折り込む。

3. 折った部分はめん棒でのばしてなじませる。大きい型で焼く場合は厚さ3mmに、小さい型の場合は2mmにのばす。

型の種類や形、容器は自由に選んで

8ページでは18cmと10cmの丸いタルト型を紹介していますが、型は耐熱のものであれば何でも可。家にあるものを活用したり、四角いものにしたり、好みでそろえてください。

アルミ 
軽くて扱いやすいのが特徴。製菓道具店などで購入可。

耐熱ガラス 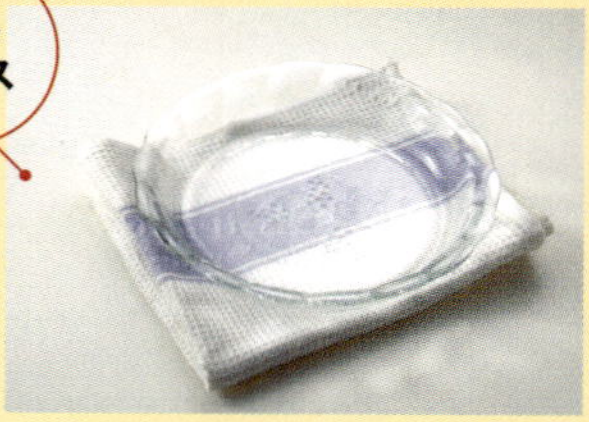
重くて頑丈。焼き上がりをそのまま出してもかわいい。

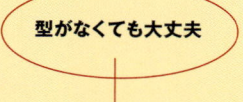

陶器 
グラタン皿やココット皿があれば、それを使っても。

型がなくても大丈夫 
使えそうな耐熱容器がなくても生地を焼くことは可能。天板に直接生地を置き、端を持ち上げて形作ればOKです（P58）。

（4）型に敷く — ラップを使ってスムーズに

直径18cmの場合

1. 生地を型の大きさより周囲3cm分ほど大きめにのばす。

ラップをつけたまま、だから扱いやすい！

2. 上のラップをはがし、生地の下に手を入れて裏返しながら型に入れる。

Point

3. 型の角に生地を押し当てて密着させる。

4. ふちにめん棒を押し当て、生地を型の大きさぴったりに切る。

直径10cmの場合

1. 生地に型を置き、型の大きさより周囲1cm分大きめに切り抜く。

2. 指を使って生地を型に押し当て、型からはみ出した部分を切り取る。

（5）から焼きする — ちょっとの手間でうんとおいしく

1. 焼いたときに底がふくらむのを防ぐためフォークやナイフで穴を空けて"ピケをする"。

Point *生地がカリッとおいしくなる！*

2. 生地の上にオーブンペーパーを敷き、パイウエイトを乗せて180度のオーブンで15分ほど焼く。オーブンペーパーとパイウエイトを取り出し、さらに5分ほど焼く。

3. 焼き上がったら、できるだけ熱いうちに卵黄（生のフルーツやクリームのタルトの場合は湯せんしたホワイトチョコレート30g）を塗る（分量外）。必ず塗る必要はないが、生地にソースやクリームがしみこむのを防いで、よりおいしい。

から焼きする？しない？

基本的に、どの生地もから焼きした方がおいしく仕上がりますが、ソースが液状ではなく固めの場合はから焼きしなくてもOK。本誌では、から焼きが不要なものにはマーク◯をつけています。

から焼きしない場合は、レシピ通りに焼いたあと、設定温度より10度下げて10分長く焼く。

基本のキッシュ

すべてのベースとなる生地の作り方を覚えたら、次は中に入れるフィリング作りへ。
まずは、定番の卵液で作る代表的なキッシュを紹介します。

ほうれん草とベーコンのキッシュ

大きく焼く

小さく焼く

ほうれん草とベーコンのキッシュ

◎**生地**(直径18cm 1台 or 10cm 4個)
薄力粉——200g
塩——小さじ¼
卵黄——1個
水——大さじ1〜2
バター(無塩)——100g

◎**ソース**
A ┌ 卵——1個
  │ 牛乳——50ml
  │ 生クリーム——50ml
  └ 塩・こしょう——少々

◎**フィリング**
ほうれん草——4株(½把)
マッシュルーム——50g
ベーコン——50g
バター——小さじ1
サラダ油——小さじ1
塩・こしょう——少々
ピザ用チーズ——40g

卵液ソースを使った、定番のキッシュを焼きましょう

キッシュといえば、野菜や肉を入れて卵液で焼きあげたものが代表的。ふんわりとした食感と優しい味わいで人気なので、まずはこれをマスターしましょう。

1. 混ぜる

※ここまでの生地の作り方はP8,9を参照。混ぜ終わりに粉が少し残っているくらいの方が、おいしく仕上がる。

2. のばす

大きい型で焼く場合は厚さ3mm程度に、小さい型の場合はソースやフィリングとのバランスを考えて2mm程度にのばす。
※30cm四方のラップ大を目安にのばせば、ちょうど厚さ3mm程度になる。

大きく焼く　　　　　　　　　小さく焼く

大きく焼く場合　小さく焼く場合

3. 型に敷く

型と生地の間にすき間ができないよう、ていねいにならしていく。コツは、指の先を使って型のすみに生地を押し当てること。

ラップをあてたまま行うと、指に生地がくっつかず扱いやすい。

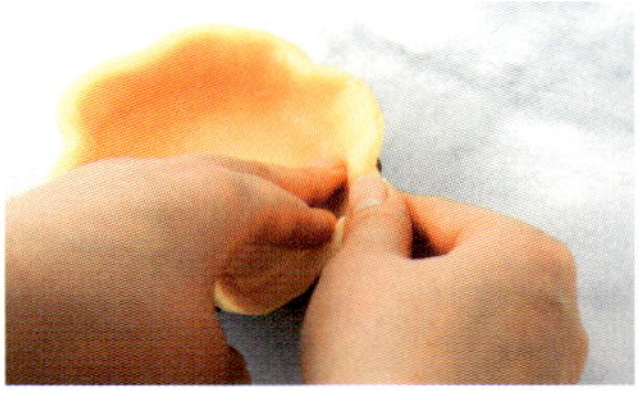

型を回転させながら少しずつ進めると、キレイな仕上がりに。

4. ピケをして、から焼きする

生地の底にフォークやナイフで空気穴を開ける。オーブンペーパーとパイウエイトを乗せ180度のオーブンで15分ほど、パイウエイトを取り出してさらに5分ほど焼く。

フォークなら広範囲にわたって、一度に穴を開けることができる。パイウエイトはまんべんなく乗せる。

天板に並べるときは、生地どうしがくっつかないように注意する。

5. 卵黄を塗る

焼き上がったら、できるだけ熱いうちに表面に卵黄(分量外・1個分)を塗り、ソースが生地にしみこむのを防ぐ。

冷めてしまうと卵黄が固まらなくなるので、熱いうちに行う。

6. フィリングを作る

食べやすい大きさに切った材料をフライパンで炒める。Aをすべて混ぜ合わせて卵液を作り、ザルでこしておく。

ほうれん草は洗って水気を切り、3cmのザク切りにする。マッシュルームは縦4つ切りに、ベーコンは幅1cmの拍子切りにする。フライパンにバターとサラダ油を中火で温め、ベーコン、マッシュルームを軽く炒めてから、ほうれん草を加えてさらに炒め、塩・こしょうで味を調える。
※水分が多めに出た場合はペーパーなどで拭き取る。

7. 焼く

生地に⑥をまんべんなく広げ、ピザ用チーズをのせ卵液を流し込み、180度のオーブンで25～30分焼く。

卵液は生地の高さから5mm下まで入れる。多すぎるとあふれ出てしまうので注意する。

小さい型の場合はソースの量も少ないので、小さいスプーンを使うと扱いやすい。

基本のタルト

濃厚なチーズと甘酸っぱいブルーベリーが絶妙にマッチした、ベイクドチーズのタルトを作ってみましょう。行程はほとんどキッシュと同じなので簡単です。

ベイクドチーズの
タルト

大きく
焼く

小さく焼く

ベイクドチーズのタルト

◎生地（直径18cm 1台 or 10cm 4個）
薄力粉——200g
塩——小さじ¼
粉砂糖——大さじ2
卵黄——1個
水——大さじ2〜3
バター（無塩）——100g
ドライブルーベリー——大さじ2

◎クリーム
クリームチーズ——100g
砂糖——30g
卵——1個
薄力粉——大さじ1
生クリーム——50ml
レモン汁——大さじ½

◎フィリング
ブルーベリージャム——大さじ2
粉砂糖——適量

基本の生地にドライブルーベリーをプラス！

8、9ページで紹介した基本の生地にドライブルーベリーを加えて、甘酸っぱい生地を作ってみましょう。加えるタイミングを工夫して、食感や形も楽しんで。

1. 混ぜる

のばした生地に、半量のドライブルーベリーをまんべんなく散らす。のばしてから加えることで、形や色がきれいに保て、食感が楽しめる。

2. のばす

ドライブルーベリーを生地の中に押し込むように、めん棒でならしていく。表が終わったら、ひっくり返して裏も同様に。

大きく焼く場合 　　　　　小さく焼く場合

3. 型に入れる

型と生地の間にすき間ができないよう、ていねいにならしていく。コツは、指の先を使って型のすみに生地を押し当てること。

ブルーベリーがまんべんなく散らばっている方が、食感がいい。

ブルーベリーが足りないようなら、型に入れた後から足してもOK。

4. クリームを作る

室温に戻しておいたクリームチーズをボウルに入れ、ゴムべらなどでやわらかくなるまで練り、砂糖を加えてすり混ぜる。溶き卵を加えてよく混ぜ、薄力粉、生クリーム、レモン汁の順に混ぜる。

酸の成分でクリームが固まりやすくなるので、レモン汁は最後に加える。

5. 焼く

生地にブルーベリージャムを入れて平らにのばす。その上に④を流し込み、170度のオーブンで35〜40分焼く。焼き上がったら冷まして、茶こしで振るいながら粉砂糖をかける。

大きめのスプーンを使ってジャムを薄くのばす。ソースは真ん中に流し込めば、自動的に全体に行き渡る。

型が小さく、入れる分量も少ないので小さいスプーンを使う。

生地のアレンジ

基本となるプレーンな生地にさまざまな材料を加えて、ひと味違った生地を作ってみましょう。
素材どうしの相性なども考えて、自分なりの好みで楽しんでください。

キッシュ

ミックスペッパー
ピリっとした刺激ときれいな
色がアクセントに
（P41）

パセリ
ほんのりさわやかな風味
と香りが広がる
（P48）

サフラン&ガーリックチップ
風味、香りともに豊かで、食べ
応え十分
（P32）

桜えび
香ばしい味わいと鮮やかな
ピンクを楽しんで
（P46）

ドライトマト&ローズマリー
甘みが濃いトマトに、ハーブの
香りがマッチ
（P50）

シードミックス
クミンシード、麦、あわなど、
穀物たっぷり
（P29）

タルト

ワイルドブルーベリー
噛むとさわやかな甘酸っ
ばさが口に広がる
（P16）

ココア
無糖タイプでちょっぴり
ビターな仕上がりに
（P75）

ポピーシード（けしの実）
ぷちぷちとした歯ごたえ
がアクセントに
（P89）

桜の花の塩漬け
独特の風味が楽しめて、
見た目にも美しい
（P70）

オレンジピール
ほろ苦い味わいで、ちょっぴり大人の味に
（P76）

ピスタチオ
コクのある味わいと贅沢な風味をプラス
（P84）

ふち飾りいろいろ

型に入れてそのまま焼くのもいいですが、ちょっとした飾りがあるといっそうおいしく感じられるもの。贈り物やパーティーの席などにもぴったりです。特別な道具がなくても、家にあるもので十分かわいらしい模様が作れますよ。

ストライプ
フォークの先を生地に押し当て、等間隔になるように模様をつけていく。
（P38）

レース
下向きにしたスプーンの先を生地に押し当てる。少しずつずらして3層にする。
（P72）

太ストライプ
箸の太い方を斜めにして生地に押し当て、等間隔に模様をつけていく。
（P34）

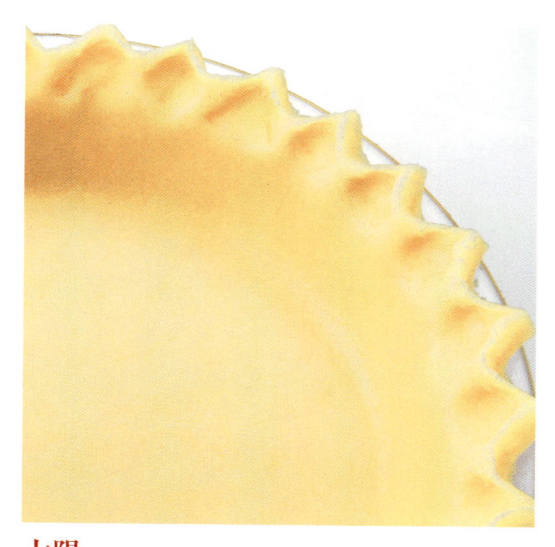

太陽
人差し指で生地を外側に押し出し、反対の手の親指と人差し指で挟んで先をとがらせる。
（P26）

チェッカー
ペティナイフの先などで等間隔に切り込みを入れ、交互に内側に折り込む。
（P73）

木の葉
型抜きで葉の形をくり抜き、ペティナイフの先などで葉脈の模様をつける。
（P66）

ドット
直径1cmの丸口金を押し当て、等間隔に穴を空ける。なければストローでも代用可。
（P82）

型いらず
生地の端を立ち上げながら、形を整えていく。指でつまんで、波模様を作る。
（P58）

おいしく食べるために

食べごろは？ 冷めてしまったら？ 保存はいつまで？ せっかく焼いたキッシュやタルトなのだから、おいしく食べたいもの。ここでは、知っておきたいポイントを解説します。

食べごろ

キッシュはやっぱり焼きたてを食べるのが一番。ただし、きれいな形に切り分けたいときは5分ほど冷ましょう。生の野菜やフルーツを使ったキッシュやタルトは、冷蔵庫で冷やすといっそうおいしく食べられます。焼いて仕上げるタルトは冷蔵庫（冬場は常温でも可）で一日休ませると、生地と中身がなじんで、ひと味違ったおいしさになります。

温める

焼いて仕上げるキッシュやタルトは、冷めてしまったら、もう一度温めて食べることをおすすめします。電子レンジの場合は、ラップをかけずに温めて。その方が生地がカリッとおいしく仕上がります。魚焼きグリルやトースターなら、低温に設定して3分ほど温めましょう。

保存

保存方法は下記の3パターンを参照。冷蔵庫で2〜3日、冷凍庫で2週間が保存の目安。冷蔵庫の場合は、日が経つにつれて色が黒ずんできてしまうので、冷凍庫で保存する方が風味の損失が少なくおすすめです。ただし、生の野菜やフルーツを使ったものは冷凍できないので、冷蔵庫で保存して早めに食べましょう。

から焼き前の生地

ラップで包んで密閉できる袋や容器に入れ、そのまま冷蔵庫や冷凍庫へ。冷凍の場合は、前日の夜から冷蔵庫に移して解凍します。

から焼き後の生地

ひとつずつラップで包み、密閉できる袋や容器に入れる。ラップがクッションの役割を果たすので、重ねてもOKです。使うときは、冷凍のままフィリングやソースを流して通常と同じ設定で焼きます。

焼き上げたもの

ひとつずつラップで包み、密閉できる袋や容器に入れる。何個入れてもいいが、凍るまでは重ねないこと。食べるときは、170度のオーブンで15分ほど焼き直せばOK。

PART 2

お手軽キッシュ

卵ベース

キッシュといえば、卵液を使ったものがおなじみです。
牛乳と生クリームを合わせるから、ふんわり優しい味に仕上がります。

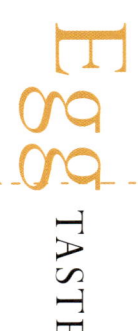

Egg TASTE

じっくり炒めたたまねぎの自然な甘さにうっとり
新たまねぎのキッシュ

◎**生地**（直径18cm 1台分）
薄力粉——200g
塩——小さじ1/4
卵黄——1個
水——大さじ1～2
バター（無塩）——100g
生地の作り方はP8～11。

◎**ソース**
A ┌ 卵——1個
　├ 牛乳——50ml
　├ 生クリーム——50ml
　└ 塩・こしょう——少々
よく混ぜ合わせて、ザルでこしておく。

◎**フィリング**
新たまねぎ——中5個
バター・サラダ油——各大さじ1
塩・こしょう——少々
ピザ用チーズ——40g

●**作り方**

1. たまねぎを幅6～7mmのせん切りにする。耐熱の器に入れ、ラップをして600wの電子レンジで5分加熱する。ラップを外してさらに5分加熱し、水分をとばす。

2. フライパンにバターとサラダ油を中火で熱し、①を入れて茶褐色になるまで炒める。塩・こしょうで味を調えて生地に詰める。

3. Aを注ぎ入れ、上からピザ用チーズを振りかけて180度のオーブンで30分ほど焼く。

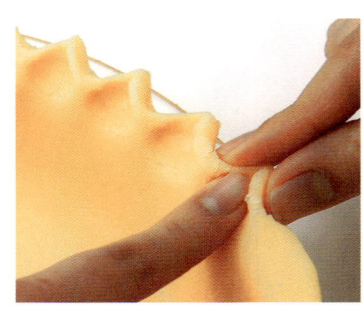

指でつまみながら、生地の先をとがらせるように形作っていく。

春に出回る新たまねぎは、みずみずしくて甘みが強いのが特徴。このくらいの色になるまで炒めると、本来の甘さがぐんと引き出される。

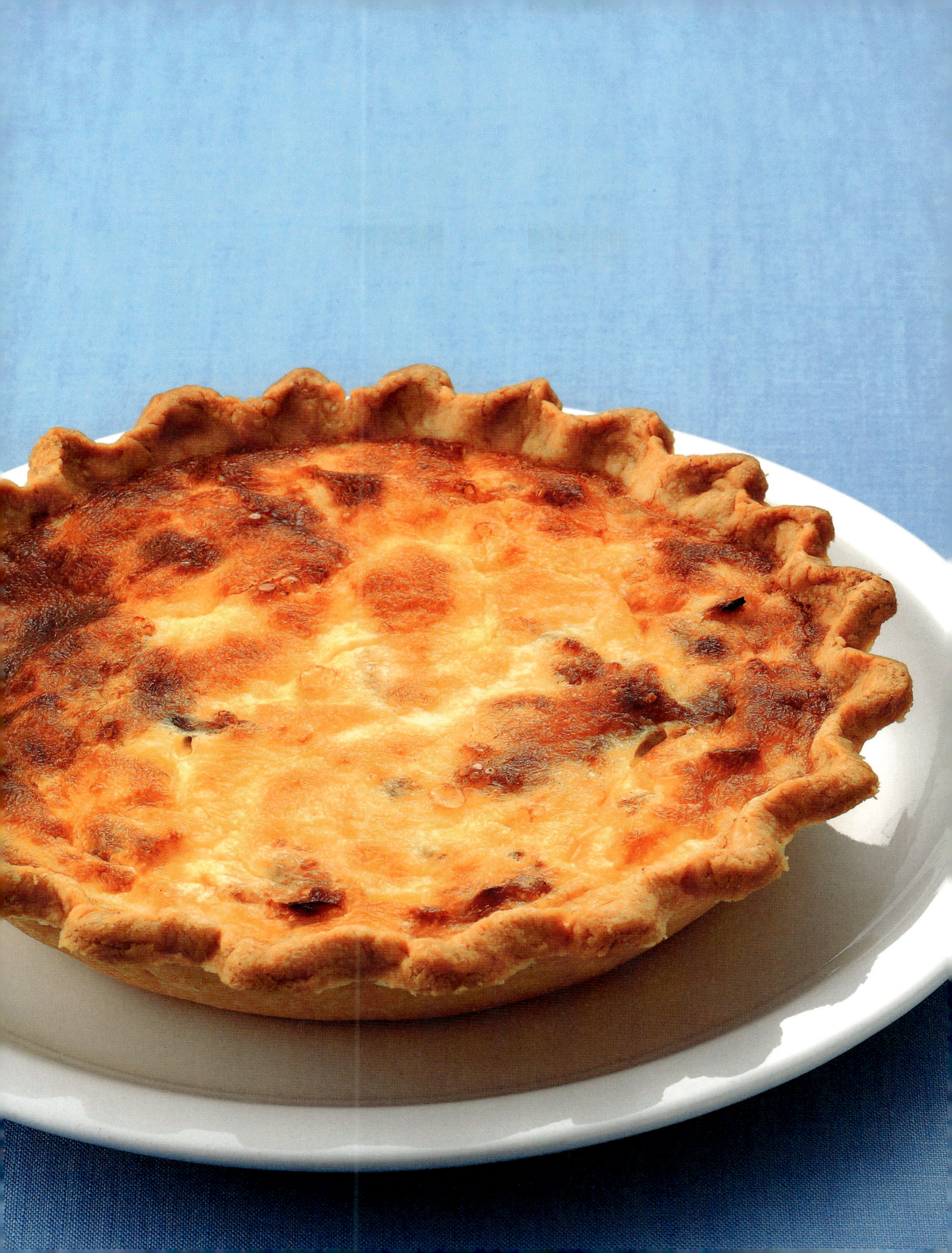

Egg TASTE

鮮やかなひすい色のそら豆と甘さ濃厚なウニがベストマッチ

生ウニとそら豆のキッシュ

◎生地（直径10cm 4個分）
薄力粉──200g
塩──小さじ1/4
卵黄──1個
水──大さじ1〜2
バター（無塩）──100g
生地の作り方はP8〜11。

◎ソース
A ┌ 卵──1個
　├ 牛乳──50ml
　├ 生クリーム──50ml
　└ 塩・こしょう──少々
よく混ぜ合わせて、ザルでこしておく。

……………………………………

パルメザンチーズ（粉）──大さじ2

◎フィリング
生ウニ──適量
そら豆──40粒

●作り方
1. そら豆をさやから出して塩茹でして冷まし、甘皮をむいておく。
2. 生地にそら豆を敷いて、Aと粉チーズをよく混ぜて流し入れる。
3. 180度のオーブンで15分ほど焼き、ウニを乗せてさらに6〜7分焼く。
※卵液が固まればOK。

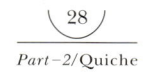

隠し味の柚子こしょうが効いた中華風キッシュ

たけのことチャーシューのキッシュ

◎生地（直径18cm 1台分）
薄力粉——200g
塩——小さじ¼
卵黄——1個
水——大さじ1〜2
バター（無塩）——100g
シードミックス——大さじ1
生地の作り方はP8〜11。シードミックスを混ぜる（P18）。

◎ソース
A ┌ 卵——1個
  │ 牛乳——50ml
  │ 生クリーム——50ml
  └ 塩・こしょう——少々
よく混ぜ合わせて、ザルでこしておく。

柚子こしょう——少々
パルメザンチーズ（粉）——大さじ2

◎フィリング
たけのこ（水煮）——150g
チャーシュー——200g
バター——大さじ½
塩・こしょう——少々

●作り方
1. フライパンにバターを中火で熱し、薄切りにしたたけのこを入れて炒め、軽く塩・こしょうをする。食べやすい大きさに切ったチャーシューを加えて、さらに炒め、生地に詰める。

2. Aに柚子こしょうと粉チーズを加えてよく混ぜ、①に流し入れる。

3. 180度のオーブンで30分ほど焼く。

Egg TASTE

チーズたっぷりのご飯に香ばしいうなぎがぴったり
うなぎリゾットのキッシュ

◎生地（23cm×9cm 1台分）
薄力粉——200g
塩——小さじ¼
卵黄——1個
水——大さじ1〜2
バター（無塩）——100g
生地の作り方はP8〜11。

◎ソース
A ┬ 卵——1個
  ├ 牛乳——50ml
  ├ 生クリーム——50ml
  └ 塩・こしょう——少々
よく混ぜ合わせて、ザルでこしておく。

パルメザンチーズ（粉）——大さじ2

◎フィリング
うなぎの蒲焼——1尾
ご飯——1膳分
粉山椒——適量

●作り方
1. ご飯をボウルに入れ、Aと粉チーズを加えてよく混ぜ、生地に詰める。
2. うなぎの蒲焼を乗せ、180度のオーブンで20分ほど焼く。
3. 粉山椒を振りかける。

焼きムラができないよう、スプーンを使ってまんべんなく広げる。

うなぎを型の大きさに合わせて切っておくと、きれいな仕上がりになる。

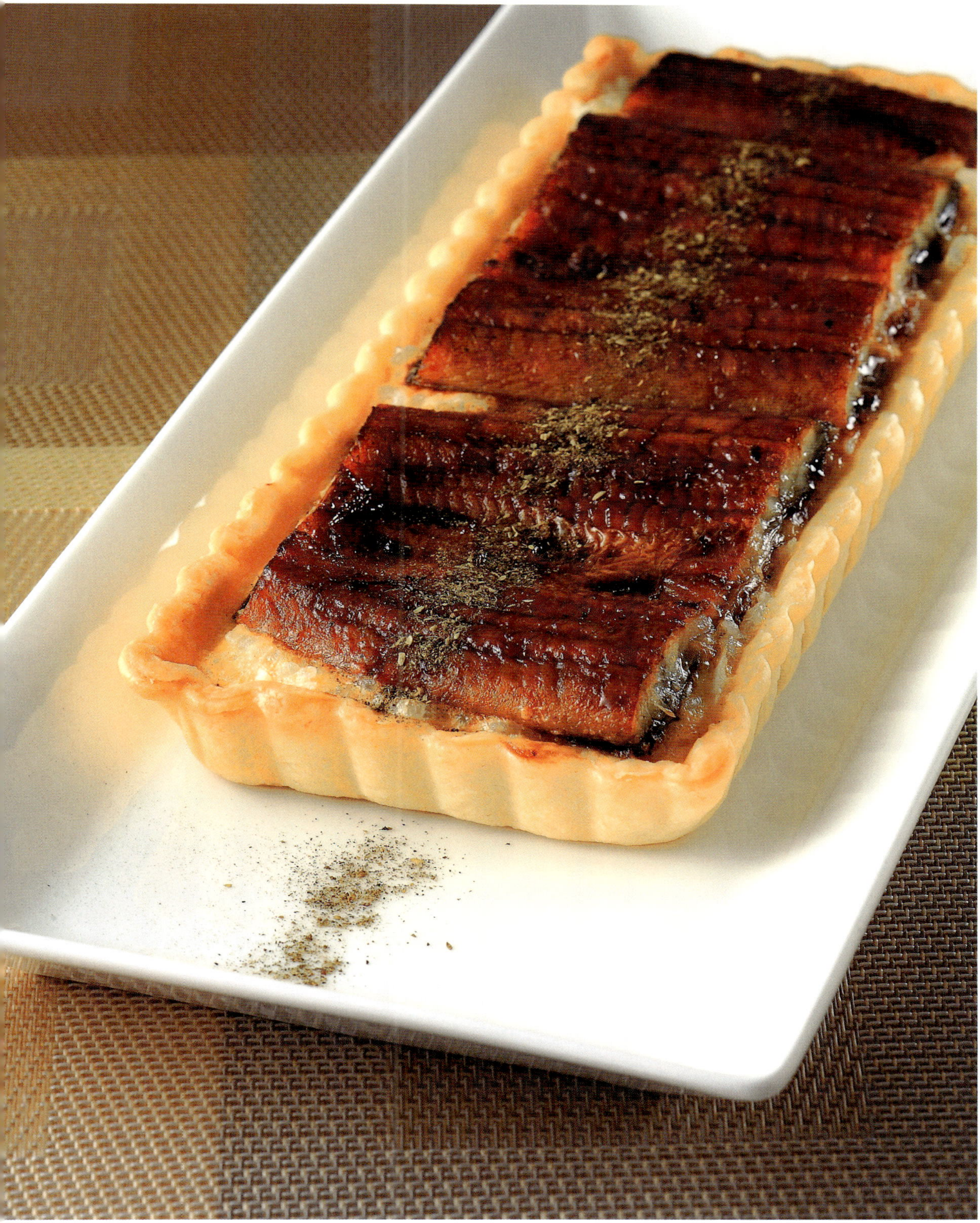

Egg TASTE

優しい味わいのホタテに、ほろ苦い菜の花のアクセント

ホタテと菜の花のキッシュ

◎生地(9cm×9cm 4個分)
薄力粉——200g
塩——小さじ1/4
卵黄——1個
水——大さじ1〜2
バター(無塩)——100g
サフラン——6本ほど
ガーリックチップス——大さじ2
生地の作り方はP8〜11。サフランとガーリックチップスを混ぜる(P18)。

◎ソース
A[卵——1個
   牛乳——50ml
   生クリーム——50ml
   塩・こしょう——少々]
よく混ぜ合わせて、ザルでこしておく。

◎フィリング
ホタテの貝柱——4個
菜の花——100g
バター——大さじ1/2
小麦粉——適量
塩・こしょう——少々
クリームチーズ——40g

●作り方
1. フライパンにバターを入れて中火で熱し、塩・こしょうを振って小麦粉を薄くまぶしたホタテの両面を焼き色がつくまで焼く。
2. 菜の花を長さ2cmに切り、固めの塩茹でにして冷ます。水気を絞り、生地に詰める。
3. 菜の花の上にクリームチーズを散らし、①を乗せ、Aを流し入れる。
4. 180度のオーブンで20分ほど焼く。

しゃきしゃき食感の2種のアスパラで見た目もおしゃれに

2色アスパラガスのキッシュ

◎生地(16cm×16cm 1台分)
薄力粉——200g
塩——小さじ1/4
卵黄——1個
水——大さじ1〜2
バター(無塩)——100g
生地の作り方はP8〜11。

◎ソース
A ┌ 卵——1個
  │ 牛乳——50ml
  │ 生クリーム——50ml
  └ 塩・こしょう——少々
よく混ぜ合わせて、ザルでこしておく。

◎フィリング
グリーンアスパラガス——5本
ホワイトアスパラガス——4本
たまねぎ——小1/4個
鶏ひき肉——80g
バター——大さじ2
塩・こしょう・ナツメグ——各少々
ピザ用チーズ——30g

●作り方
1. 沸騰した塩水でアスパラガスを3分ほど茹で、水気を切る。
2. フライパンにバターの半量を入れて中火で熱し、たまねぎのみじん切りと鶏ひき肉を鶏肉の色が変わるまで炒めて、塩・こしょう・ナツメグで味を調え、生地に入れる。
3. フライパンに残りのバターを入れて中火で熱し、①を入れてサッと焼き、塩・こしょうを振って②に詰める。
4. 生地にAを流し入れ、ピザ用チーズを振りかけて180度のオーブンで20分ほど焼く。

トマト風味

トマトソースやトマトそのものを使った、フレッシュな味わいのキッシュ。
ランチやお酒のつまみにもよく合います。

Tomato TASTE

チーズとろけるピッツァ・マルガリータのようなキッシュ

トマトとモッツァレラのキッシュ

◎生地(直径18cm 1台分)
薄力粉——200g
塩——小さじ¼
卵黄——1個
水——大さじ1〜2
バター(無塩)——100g
生地の作り方はP8〜11。

◎ソース
基本のトマトソース(右記)
　　——大さじ3

◎フィリング
トマト——小3個
モッツァレラチーズ——200g
パン粉——大さじ2
塩・こしょう——少々
バジルの葉——適量

●作り方
1. モッツァレラは厚さ1cmの輪切り、トマトは厚さ2cmのくし形に切る。
2. 生地にトマトソースを広げ、トマトとモッツァレラを交互に敷き詰める。
3. パン粉、塩・こしょうを振りかけ、200度のオーブンで15分ほど焼く。
4. バジルの葉を飾る。

基本のトマトソース(作りやすい分量)

プチトマト——1パック(200g)
トマト水煮缶——1缶(400g)
たまねぎ——小1個
にんにく——1片
ローリエ——1枚
バジルの葉——3枚
オリーブ油——大さじ3
塩・こしょう——少々

作り方
1. 鍋にオリーブ油を中火で熱し、みじん切りにしたたまねぎ、にんにくを炒める。たまねぎが透き通ったら半分に切ったプチトマトと缶詰を加える。
2. 木ベラでトマトを潰すように混ぜ、ローリエとバジルの葉を加えて塩・こしょうをする。焦がさないように時々かき混ぜながら、弱火で10分ほど煮て、塩・こしょうで味を調える。
※冷蔵庫で3、4日ほど保存可能。

箸を当てるだけで美しい波模様に。箸の太さを変えてもおもしろい。

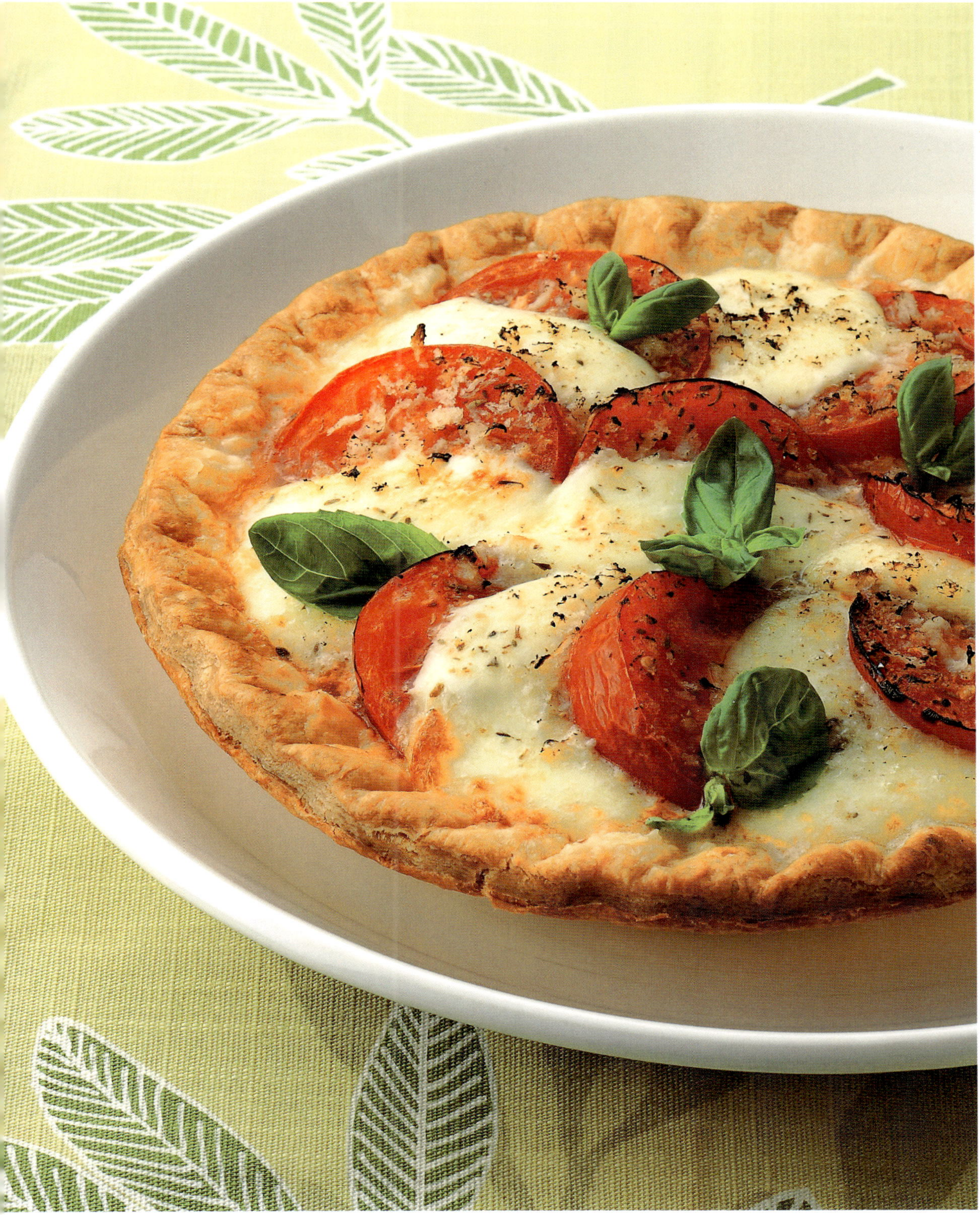

香ばしく焼いたサーディンがたっぷりでワインにぴったり

オイルサーディンのキッシュ

◎生地（直径10cm 4個分）
薄力粉——200g
塩——小さじ¼
卵黄——1個
水——大さじ1〜2
バター（無塩）——100g
生地の作り方はP8〜11。

◎ソース
トマトピューレ——大さじ3
粒マスタード——小さじ2

◎フィリング
オイルサーディン——1缶
じゃがいも——小2個
ドライタイム——少々
パルメザンチーズ（粉）——適量

●作り方
1. じゃがいもは皮をむいて水で濡らしてラップで包み、600wの電子レンジで5分加熱する。冷めたら、厚さ3mmの輪切りにする。
2. 生地にじゃがいもを詰め、よく混ぜ合わせたトマトピューレと粒マスタードを乗せ、オイルサーディンを並べる。
3. ドライタイムと粉チーズを振りかけ、180度のオーブンで15分ほど焼く。

Tomato TASTE

ピリ辛のソーセージとゴロゴロなすで食べ応え十分

なすとチョリソーのキッシュ

◎生地（直径18cm 1台分）
薄力粉——200g
塩——小さじ1/4
卵黄——1個
水——大さじ1～2
バター（無塩）——100g
生地の作り方はP8～11。

◎ソース
A ┬ トマトピューレ——大さじ2
　├ 水——大さじ1
　├ 顆粒洋風だし——小さじ1/2
　└ 塩・こしょう——少々

◎フィリング
なす——2本
チョリソー（唐辛子入りソーセージ）
　——2本
たまねぎ——小1/2個
オリーブ油——大さじ1
ピザ用チーズ——30g
イタリアンパセリ——適量

●作り方
1. なすとチョリソーは表面を浅い格子状に飾り切りをし、食べやすい大きさに切る。たまねぎは幅1cmのくし型に切る。
2. フライパンにオリーブ油を中火で熱し、①を入れて炒めAを加えて弱火にし、ふたをして3分ほど蒸し煮にする。
3. ②を生地に詰め、ピザ用チーズを振って180度のオーブンで20分ほど焼く。
4. 粗く切ったイタリアンパセリを散らす。

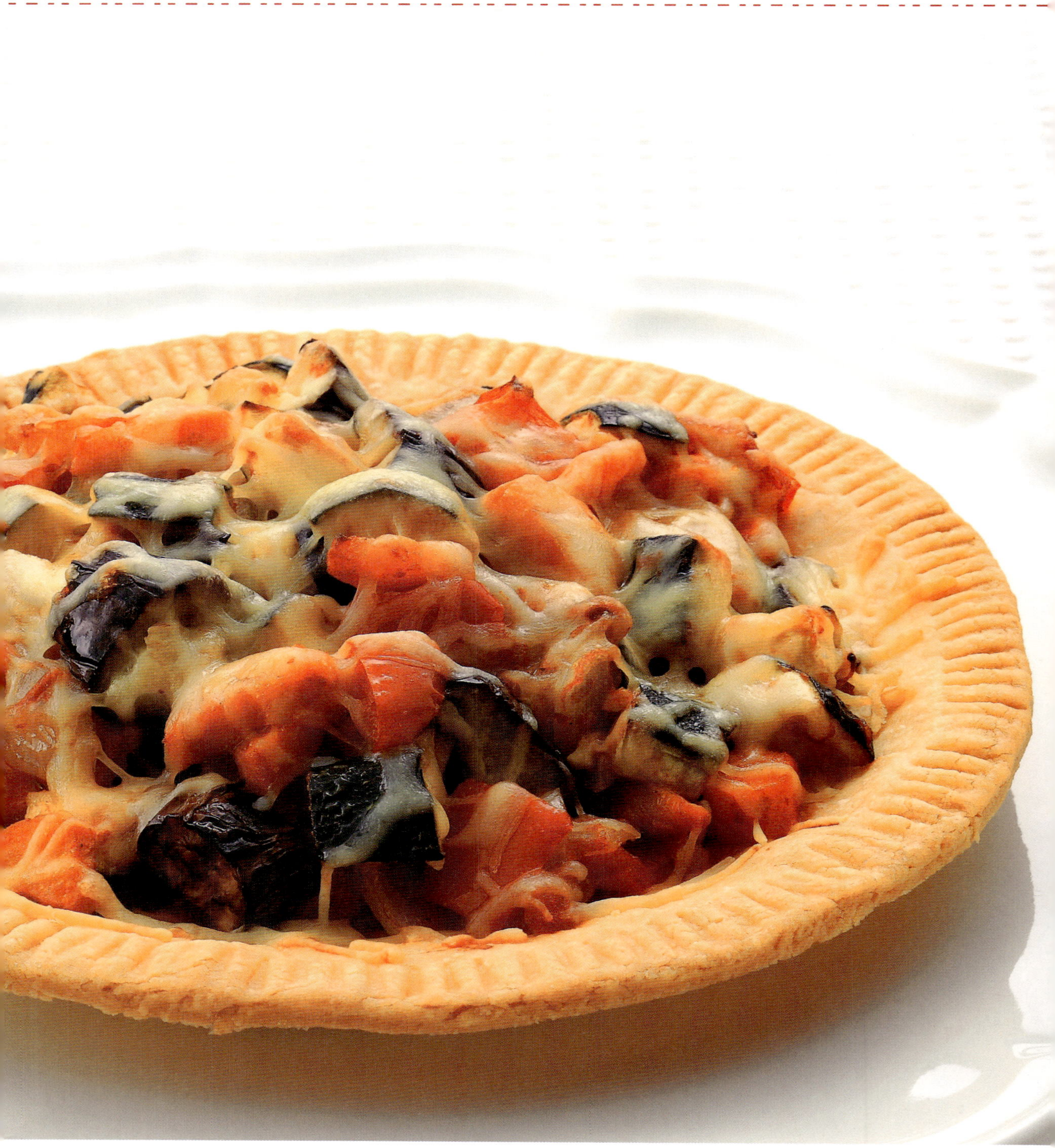

Tomato TASTE

にんにくの風味が効いて、5種の野菜がたっぷり食べられる

ラタトゥイユのキッシュ

◎生地（直径18cm 1台分）
薄力粉——200g
塩——小さじ1/4
卵黄——1個
水——大さじ1～2
バター（無塩）——100g
生地の作り方はP8～11。

◎ソース
基本のトマトソース（P34）
　——カップ1/4

◎フィリング
なす——1本
にんじん——1/2本
たまねぎ——小1/2個
ズッキーニ——1/2本
パプリカ——1/3個
にんにく——小さじ1
オリーブ油——大さじ2
白ワイン——大さじ2
塩・こしょう——少々
ピザ用チーズ——30g

●作り方
1. 鍋にオリーブ油を中火で熱し、にんにくのみじん切りと乱切りにした野菜を油がなじむように炒める。塩・こしょうを振って白ワインをまわしかけ、ふたをして焦がさないように弱火で5分ほど蒸し煮にする。
2. トマトソースを加えてよく混ぜ、塩・こしょうで味を調える。
3. ②を生地に詰め、ピザ用チーズを散らして180度のオーブンで20分ほど焼く。

弱いときれいに模様がつかないので、フォークをおさえるときはしっかり強めに。

それぞれの野菜をくっつける役割を果たすので、チーズをまんべんなく散らすのがポイント。

カレー風味

生クリームにカレー粉を少し加え、風味豊かなソースに。
ほんのり効いた刺激的なアクセントが、素材の味を引き立てます。

カニとアボカドの黄金コンビ。ほんのりカレー風味が食欲をそそる

カニとアボカドのキッシュ

◎生地（直径18cm 1台分）
薄力粉——200g
塩——小さじ¼
卵黄——1個
水——大さじ1～2
バター（無塩）——100g
生地の作り方はP8～11。

◎フィリング
カニ（ボイルしたむき身）——100g
アボカド——2個
マヨネーズ——大さじ2
レモン汁——大さじ1
生クリーム——大さじ2
カレー粉——小さじ1
塩・こしょう——少々
スライスチーズ——2枚

●作り方
1. アボカド1個は半分に割って種を取り皮をむく。ボウルに入れてフォークで潰し、マヨネーズ、レモン汁の半量、生クリーム、カレー粉を加えてよく混ぜる。
2. カニを加えてサックリと混ぜ、塩・こしょうで味を調え、生地に詰める。
3. 残りのアボカド1個は半分に割って種を取り、皮をむいて厚さ5mmの半月切りにして残りのレモン汁をかけ、②の上に並べる。
4. スライスチーズを乗せ、180度のオーブンで20分ほど焼く。

Curry TASTE

生クリーム＋カレー粉の合わせ技で、アジアンテイストに変身

豚キムチのキッシュ

◎生地（直径18cm 1台分）
薄力粉——200g
塩——小さじ¼
卵黄——1個
水——大さじ1〜2
バター（無塩）——100g
ミックスペッパー——小さじ1
生地の作り方はP8〜11。ミックスペッパーを混ぜる（P18）。

◎フィリング
豚こま切れ肉——120g
たまねぎ——小½個
エリンギ——1本
白菜キムチ——50g
カレー粉——小さじ1
生クリーム——50ml
サラダ油——大さじ1
塩・こしょう——少々
ピザ用チーズ——40g

●作り方
1. フライパンにサラダ油を入れて中火で熱し、豚肉を色が変わるまで炒める。せん切りにしたたまねぎを加えて透き通るまで炒めたら、薄切りにしたエリンギとザク切りにした白菜キムチを加えてひと炒めする。
2. カレー粉を振り入れて香りが立つまで炒め、生クリームを加えてひと混ぜし、塩・こしょうで味を調えて生地に詰める。
3. ピザ用チーズを振りかけ、180度のオーブンで20分ほど焼く。

クリーム風味

とろ〜りとろけるクリームは、年齢問わずみんなに大人気。
シチュー風味のキッシュから、チーズが効いた大人向けのものまで紹介します。

Cream TASTE

甘いかぶとコーン缶で即席クリームシチューの完成
鶏ささみとかぶのキッシュ

◎**生地**（グラタン皿 1台分）
薄力粉——200g
塩——小さじ¼
卵黄——1個
水——大さじ1〜2
バター（無塩）——100g
生地の作り方はP8〜11。

◎**ソース**
バター——大さじ2
小麦粉——大さじ2
水——100ml
牛乳——100ml
コーン缶詰（クリームタイプ）
　——大さじ3
塩・こしょう——少々

◎**フィリング**
鶏ささみ——3本（150g）
かぶ——3個
しめじ——50g
たまねぎ——小½個

●**作り方**
1. 鶏ささみは筋を取って幅2cmに切る。しめじはほぐし、たまねぎはせん切り、かぶは皮をむいて6つに切る。
2. 鍋にバターを中火で熱し、鶏ささみを色が変わるまで炒め、たまねぎを加えて透き通るまで炒め、小麦粉を振り入れて、粉っぽさがなくなるまで炒める。
3. 水と牛乳を加えて弱火で煮立て、しめじとかぶ、クリームコーンを加えてかぶが柔らかくなるまで煮て、塩・こしょうで味を調える。
4. ③を生地に詰め、180度のオーブンで20分ほど焼く。

具を炒めながら、小麦粉などを混ぜていくのでソースが簡単に作れる。

炒めた具は、まず生地の真ん中に乗せてからスプーンで均一に広げればいい。

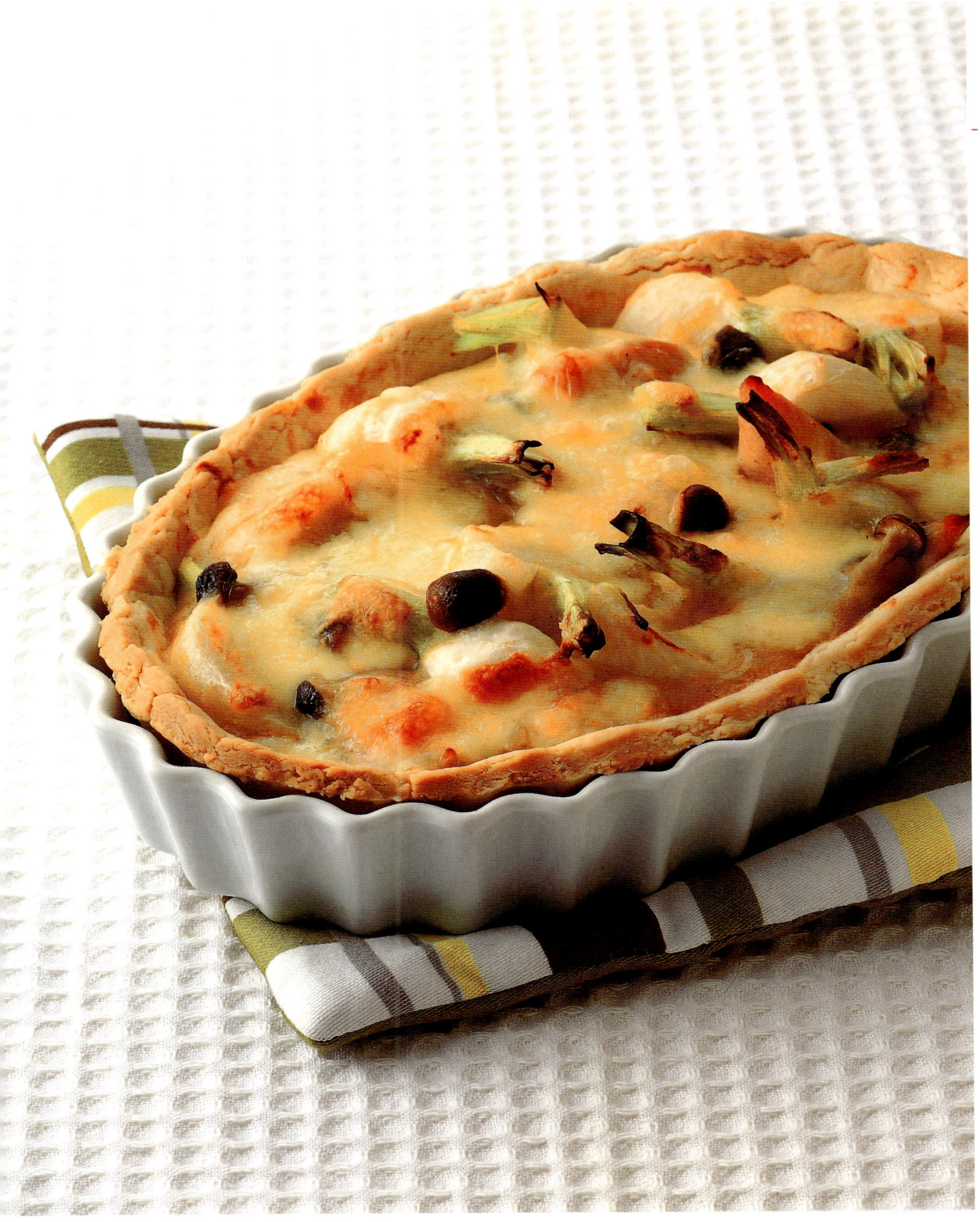

ほくほくクリーミーな里芋に個性派チーズのアクセント
里芋と豆のキッシュ・ブルーチーズ風味

◎生地(直径18cm 1台分)
薄力粉——200g
塩——小さじ¼
卵黄——1個
水——大さじ1〜2
バター(無塩)——100g
生地の作り方はP8〜11。

◎ソース
A [バター——大さじ1
　　小麦粉——大さじ1]
小さな器でよく混ぜ合わせておく。

◎フィリング
里芋——3〜4個(200g)
いんげん豆水煮——100g
ベーコン——30g
たまねぎ——小¼個
水——200ml
顆粒洋風だし——小さじ1
牛乳——50ml
サラダ油——大さじ1
塩・こしょう——少々
ブルーチーズ——40g

●作り方
1. 里芋は皮をむいてボウルに入れ、塩小さじ1(分量外)を振り入れてよくもむ。水洗いをして、ぬめりが取れたら半分に切る。
2. 鍋にサラダ油を中火で熱して、①を油がなじむように炒め、幅1cmに切ったベーコン、たまねぎのみじん切りを加えてひと炒めする。
3. ②に水と洋風だしを加えてふたをし、里芋が柔らかくなるまで煮る。Aの器に鍋の煮汁(大さじ2)を加えて溶きのばしてから鍋に加える。
4. 牛乳と豆を加え、塩・こしょうで味を調える。
5. ④を生地に詰め、ブルーチーズを散らして180度のオーブンで20分ほど焼く。

Cream TASTE

肉のうまみとマカロニでボリューム満点キッシュ

マカロニとコンビーフのキッシュ

◎生地(直径18cm 1台分)
薄力粉——200g
塩——小さじ¼
卵黄——1個
水——大さじ1～2
バター(無塩)——100g
生地の作り方はP8～11。

◎フィリング
マカロニ——50g
コンビーフ——100g
たまねぎ——小½個
ゆで卵——1個
バター——大さじ2
小麦粉——大さじ1
牛乳——150ml
塩・こしょう——少々
パプリカパウダー——適量

●作り方
1. マカロニは塩を加えた熱湯で表示時間通りに茹でて、水気を切る。
2. 鍋にバターを中火で熱し、たまねぎのせん切りを透き通るまで炒め、コンビーフを加えてほぐすように炒める。
3. 小麦粉を振り入れて粉っぽさがなくなるまで炒めたら、牛乳を加えてよく混ぜ、トロミをつける。
4. ①を加えてひと煮立ちしたら、塩・こしょうで味を調えて生地に詰める。
5. 6等分にしたゆで卵を飾り、パプリカパウダーを振って200度のオーブンで20分ほど焼く。

マヨネーズ風味

おなじみのマヨネーズに、チーズやマスタード、ラー油などをプラス。
どこにもない特製ソースで、個性派キッシュのできあがり！

濃厚マヨネーズにラー油を入れた特製ソースが決め手

えびとカリフラワーのキッシュ

◎生地（10cm×4cm 4個分）
薄力粉——200g
塩——小さじ¼
卵黄——1個
水——大さじ1〜2
バター（無塩）——100g
桜えび——大さじ2
生地の作り方はP8〜11。桜えびを混ぜる（P18）。

◎ソース
A ┏ マヨネーズ——大さじ3
  ┃ 生クリーム——大さじ1
  ┃ ラー油——少々
  ┗ パルメザンチーズ——大さじ½
よく混ぜ合わせておく。

◎フィリング
むきえび——中8尾
カリフラワー——¼株
B ┏ 白ワイン——50ml
  ┗ 塩・こしょう・サラダ油
     ——各少々

●作り方
1. 小鍋にえびとBを入れて沸騰させ、えびの色が変わったら火を止めて冷まます。
2. カリフラワーは小房に分け、固めの塩茹でにして水気を切る。
3. ①と②を生地に詰め、Aをかけて200度のオーブンで10分ほど焼く。

Mayonnaise TASTE

ブロッコリーとはんぺんを混ぜ合わせて、ふわふわ食感に

ツナとブロッコリーのキッシュ

◎**生地**(直径18cm 1台分)
薄力粉——200g
塩——小さじ¼
卵黄——1個
水——大さじ1〜2
バター(無塩)——100g
生地の作り方はP8〜11。

◎**ソース**
A ┌ はんぺん——1枚(50g)
  │ たまねぎ——小⅛個
  │ マヨネーズ——大さじ2
  │ 生クリーム——大さじ3
  └ 粒マスタード——小さじ1

◎**フィリング**
ツナ缶——1個(80g)
ブロッコリー——½株

●**作り方**
1. ブロッコリーは小房に分け、柔らかめの塩茹でにして水気を切る。ブロッコリーとAをフードプロセッサーにかけ、ミンチにする。
2. ①を生地に詰めて汁気を切ったツナを乗せ、180度のオーブンで20分ほど焼く。

チーズ風味

ソースや具に使ったチーズで、野菜や魚、肉がコクのある味わいに。
オードブル風や、濃厚チーズが効いたもの…あなたのお好みのキッシュは？

Cheese TASTE

生ハムでフルーツを包んだパーティーにもぴったりなキッシュ

フルーツと生ハムのキッシュ

◎生地（直径10cm 4個分）
薄力粉——200g
塩——小さじ1/4
卵黄——1個
水——大さじ1〜2
バター（無塩）——100g
パセリ——大さじ1
生地の作り方はP8〜11。みじん切りにしたパセリを混ぜる（P18）。

◎ソース
マスカルポーネチーズ——100g
種なし黒オリーブ——4粒
レモン汁——小さじ1
塩——少々

◎フィリング
メロン——1/4個
種なしぶどう——16粒
生ハム——15枚
黒こしょう——適量

●作り方
1. ボウルにマスカルポーネチーズを入れて柔らかく練り、みじん切りにした黒オリーブを加える。レモン汁、塩を加えて味を調えて、生地に詰める。
2. 生ハムの幅を半分に切って、丸くくり抜いたメロン、皮をむいたぶどうを芯にしてくるくると巻き、①に乗せる。
3. 黒こしょうを振りかける。

おしゃれな見た目と
甘酸っぱい特製ソースでオードブル風

きゅうりと
スモークサーモンの
キッシュ

◎生地(10cm×25cm 1台分)
薄力粉──200g
塩──小さじ¼
卵黄──1個
水──大さじ1〜2
バター(無塩)──100g
生地の作り方はP8〜11。

◎ソース
A ┌ たまねぎ──小¼個
　└ らっきょう──3粒
　　オリーブ油──大さじ1
B ┌ マスタード──小さじ½
　└ 塩・こしょう──少々

◎フィリング
クリームチーズ──100g
　┌ 生クリーム──大さじ2
C │ レモン汁──大さじ½
　└ 塩・こしょう──少々
きゅうり──1本
スモークサーモン──15切れ

●作り方
1. クリームチーズを柔らかく練ってから、Cの材料とよく混ぜ合わせて生地に詰める。
2. きゅうりはタルトの大きさに合わせた長さで厚さ1〜2mmの薄切りにし、スモークサーモンと交互に①の上に並べる。
3. Aをみじん切りにしてBと混ぜ合わせ、②の上に飾る。

ゴロゴロのじゃがいもに、とろけるチーズがたまらない！
じゃがいもとカマンベールチーズのキッシュ

◎生地（25cm×10cm 1台分）

薄力粉——200g
塩——小さじ¼
卵黄——1個
水——大さじ1〜2
バター（無塩）——100g
ドライトマト——6〜7粒
ローズマリー——⅓枝分

生地の作り方はP8〜11。ドライトマトとローズマリーを混ぜる（P18）。

◎フィリング

じゃがいも（あれば新じゃがいも）
　——中4個
A［水——50ml
　　顆粒洋風だし——小さじ½］
カマンベールチーズ——100g
ローズマリー——2枝
オリーブ油——大さじ1
塩・こしょう——少々

● 作り方

1. じゃがいもは6等分に切って耐熱皿に並べ、Aを加えてラップをする。600wの電子レンジで10分加熱し、水気を切って生地に詰める。

※新じゃがいもの場合は、洗って皮つきのままでOK。

2. カマンベールチーズを8等分のくし型に切ってところどころに詰め、ローズマリーの葉1枝分、オリーブ油、塩・こしょうを散らして、残り1枝分はそのまま飾る。

3. 180度のオーブンで20分ほど焼く。

甘酸っぱいりんごが、しょっぱいスパムと絶妙にマッチ

りんごとスパムのキッシュ

◎生地(10cm×10cm 4個分)
薄力粉——200g
塩——小さじ¼
卵黄——1個
水——大さじ1〜2
バター(無塩)——100g
生地の作り方はP8〜11。

◎ソース
A ┌ サワークリーム——大さじ4
　├ 卵——1個
　├ おろしにんにく——小さじ⅓
　└ 塩・こしょう——少々
よく混ぜ合わせておく。

◎フィリング
りんご——小1個
スパム——120g
バター——大さじ1

●作り方
1. りんごは皮つきのまま4等分して芯を取り、3〜4mmの薄切りにする。スパムもりんごの大きさに合わせて切り、生地に交互に並べる。
2. Aをよく混ぜて①に流し込み、ところどころにバターの小片を置く。
3. 180度のオーブンで20分ほど焼く。

アンチアレルギー

アレルギーの方にもおいしいキッシュを食べてほしい！
小麦粉や牛乳、卵、バターを使わなくても、サクっと軽い食感に仕上がります。

Anti-Allergy

みそソースで、香ばしく焼いた鮭とねぎのうまさが引き立つ

鮭と長ねぎのキッシュ

◎生地（直径18cm 1台分）
製菓用米粉——100g
コーンミール——50g
アーモンドパウダー——50g
塩——小さじ¼
水——大さじ3〜4
ショートニング（植物性油脂）
　　——100g
生地の作り方は右記。

◎ソース
A ┏ 豆乳——50ml
　┃ 豆乳生クリーム——50ml
　┃ 絹ごし豆腐——50g
　┃ 白練りごま——大さじ1
　┃ 白みそ——大さじ1
　┗ 塩・こしょう——少々
フードプロセッサーで混ぜておく。

◎フィリング
甘塩鮭——2切れ
長ねぎ——2本

●作り方
1. 鮭と長ねぎは、魚焼きグリルやオーブントースターで色よく焼く。鮭の骨と皮を取って粗めにほぐし、長ねぎは長さ2cmに切って生地に詰める。
2. Aを①に流し入れ、180度のオーブンで30分ほど焼く。

アンチアレルギー用 生地の作り方

1. 粉類と塩を混ぜ、ザルで振るいながら密閉容器に入れる。
2. 真ん中にくぼみを作り、水を加え、電子レンジで溶かしたショートニングも加える。
3. 密閉容器のふたをきっちりと閉め、上下左右に30回ほど振る。
※まとまらない場合は、水大さじ1を加減しながら足して、ゴムべらできっくりと混ぜる。
4. ふたや縁についている生地をゴムべらでこそげとる。
5. ラップを30cm四方になるように切り、真ん中に生地を置く。
6. 厚さ2cmくらいの円形にまとめ、冷蔵庫で30分以上休ませる。
※続きはP10、11と同じ。

Aを混ぜるときにフードプロセッサーがなければ、すり鉢でもOK。その場合は、混ぜ残しがないようにザルで裏ごしをする。

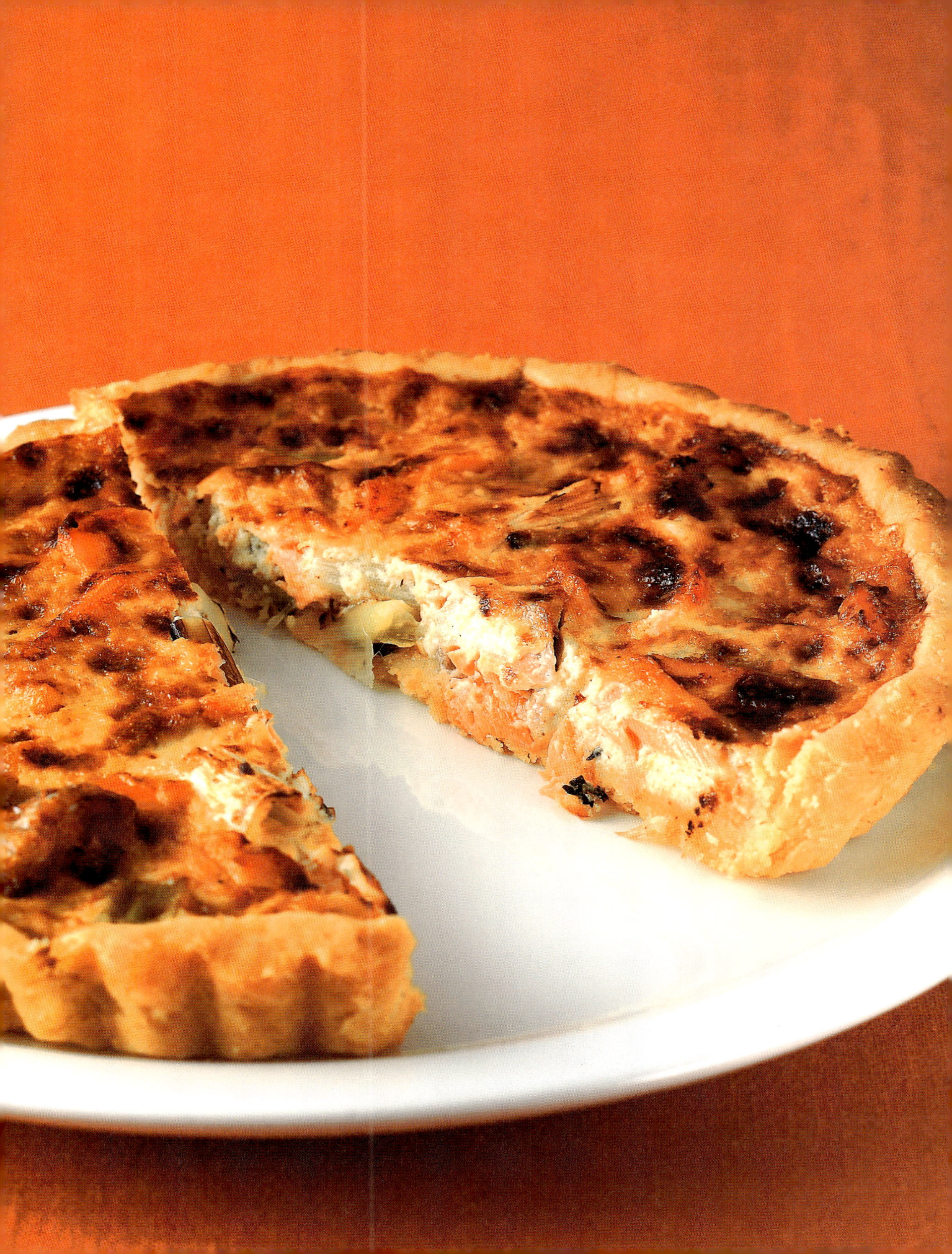

クリームコーンと混ぜて焼いたとろろソースに驚き！
漬けまぐろと山芋のキッシュ

◎**生地**（10cm×10cm 4個分）
製菓用米粉——100g
コーンミール——50g
アーモンドパウダー——50g
塩——小さじ¼
水——大さじ3〜4
ショートニング（植物性油脂）
　　——100g
生地の作り方はP52。

◎**ソース**
山芋——200g
コーン缶詰（クリームタイプ）——60g
塩・こしょう——少々

◎**フィリング**
まぐろ——150g
A ┌ 醤油——大さじ1
　├ 酒——大さじ1
　└ わさび——少々
キャベツ——1枚
青のり——適量

●**作り方**
1. まぐろは1.5cm角に切ってAと混ぜ合わせて漬けておく。キャベツは長さ3cmのせん切りにする。山芋はすりおろしてクリームコーンと混ぜ、塩・こしょうをする。
2. 生地にキャベツを敷き、漬けまぐろを乗せて山芋のソースをかける。
3. 180度のオーブンで25分ほど焼き、青のりを散らす。

Anti-Allergy

定番和食とチーズを組み合わせたおしゃれなキッシュ
肉じゃがのキッシュ

◎**生地**(直径10cm 4個分)
製菓用米粉——100g
コーンミール——50g
アーモンドパウダー——50g
塩——小さじ¼
水——大さじ3〜4
ショートニング(植物性油脂)
　　——100g
生地の作り方はP52。

◎**フィリング**
A ┌ 牛肉こま切れ——80g
　├ じゃがいも——1個
　├ にんじん——½本
　└ たまねぎ——小½個
しらたき——50g
絹さや——6枚
B ┌ 酒・醤油・水——各大さじ2
　├ みりん——大さじ1
　└ 砂糖——小さじ1
サラダ油——大さじ½
チェダーチーズ——80g

●**作り方**
1. Aのじゃがいも、にんじんは皮をむいて小さめの乱切り、たまねぎは4mmほどのせん切りに切る。しらたきは長さ3cmに切り、ザルに広げて熱湯をかける。絹さやは洗ってラップに包み600wの電子レンジで30秒加熱して冷まし、ななめ半分に切る。

2. 鍋にサラダ油を中火で熱し、Aを入れてたまねぎが透き通るまで炒める。

3. Bとしらたきを入れたらふたをして弱火にし、じゃがいもが柔らかくなるまで煮る。ふたを取って水分を飛ばすように煮て、絹さやを加えたら火を止める。

4. ③を生地に広げ、1cm角に切ったチェダーチーズをところどころに詰めて200度のオーブンで10分ほど焼く。

フレッシュ野菜たっぷり。ドレッシングをかけてどうぞ

ニース風サラダのキッシュ

◎**生地**(直径18cm 1台分)
製菓用米粉——100g
コーンミール——50g
アーモンドパウダー——50g
塩——小さじ¼
水——大さじ3～4
ショートニング(植物性油脂)
　　——100g
生地の作り方はP52。

◎**ソース**
A ┌ オリーブ油——大さじ2
　├ 白ワインビネガー——小さじ2
　├ 粒マスタード——小さじ⅓
　└ 塩・こしょう——少々

◎**フィリング**
プリーツレタス——2枚
ベビーリーフミックス——適量
トマト——1個
ゆで卵——1個
たまねぎ——¼個
アンチョビ——3切れ
種無し黒オリーブ——5粒
ラディッシュ——3個
B ┌ ご飯——50g
　├ ツナ缶——1個(80g)
　├ オリーブ油——大さじ1
　└ レモン汁——小さじ1
塩・こしょう——少々

●**作り方**
1. 葉野菜は洗って水気を切り、食べやすい大きさに手でちぎる。トマトは厚さ1cmのくし型に、卵は縦4つに切る。たまねぎは飾り用に輪切りを少し用意して、残りはみじん切りにする。Bのツナ缶は汁気を切っておく。
2. ボウルにBの材料とたまねぎのみじん切りを入れてよく混ぜ、塩・こしょうで味を調えて生地に詰める。
3. 上に野菜と卵を乗せ、アンチョビ、黒オリーブ、たまねぎの輪切り、ラディッシュを飾る。
4. Aをよく混ぜ合わせて添える。

Anti-Allergy

白菜とドライトマトの甘み、ベーコンのうまみをシンプルに味わう

白菜とベーコンのキッシュ

◎生地（24cm×15cm 1台分）
製菓用米粉——100g
コーンミール——50g
アーモンドパウダー——50g
塩——小さじ1/4
水——大さじ3〜4
ショートニング（植物性油脂）
　　——100g
生地の作り方はP52。

◎ソース
基本のトマトソース（P34）
　　——大さじ3

◎フィリング
白菜——2枚
ベーコン——4枚
ドライトマト——10粒
オリーブ油——大さじ1
塩・こしょう——少々

●作り方
1. 白菜は洗って生地に合わせた長さにカットして、ラップで包み600wの電子レンジで2分加熱する。
2. 生地にトマトソースを広げ、白菜とベーコンを交互に並べ、ドライトマトを散らす。
3. オリーブ油、塩・こしょうを振りかけ、180度のオーブンで20分ほど焼く。

型いらず

型を使わずに作るお手軽キッシュ。
手で整えていくから、楕円や四角など好きな形に作れるのが魅力的。

Easy ARRANGE

甘さが濃厚なパプリカのマリネがたっぷりで、あと味さっぱり

パプリカのオイルマリネキッシュ

◎生地（直径18cm 1台分）
薄力粉——200g
塩——小さじ¼
卵黄——1個
水——大さじ1〜2
バター（無塩）——100g
生地の作り方はP8〜11。

◎フィリング
赤・黄パプリカ——各1個
ドライサラミ——8枚
スタッフド・オリーブ——5粒
オリーブ油——大さじ2
塩・こしょう——少々
ピザ用チーズ——30g

●作り方
1. パプリカはオーブンや魚焼きグリルで全体がこんがりするまで焼き、紙で包んでおく。冷めたら手で皮をむき、種を取ってバットに並べ、オリーブ油、塩・こしょうを振りかけて1時間ほど冷蔵庫に入れて味をなじませる。
2. オーブン皿に直接生地を乗せて手で形作り、生地の大きさに合わせてカットしたパプリカとドライサラミを乗せ、薄切りにしたオリーブを散らす。
3. ピザ用チーズを散らして、180度のオーブンで30分ほど焼く。

端を持ち上げながら、横側の生地を作っていく。少しずつ進めると、きれいに仕上がる。

熱いうちに紙に包むと、皮がむけやすくなる。

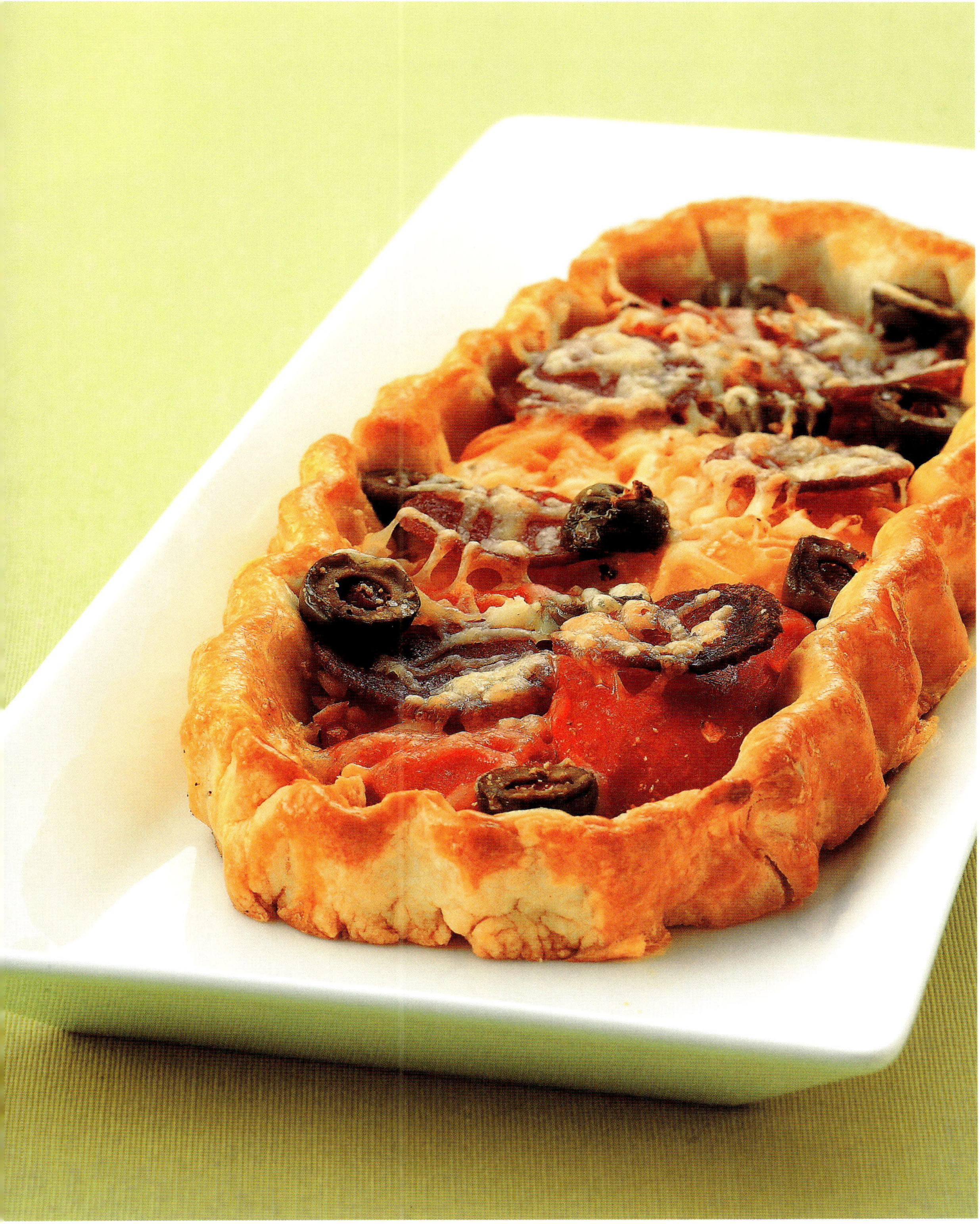

パンでキッシュ

時間がないとき、ちょっと趣向を変えたいとき…パンを使ってみてはいかが？
手作りの生地とは違う味わいや食感、見た目が楽しめます。

Bread TYPE

カリカリ食パンの食感とジューシーなミートボールが合う！
ミートボールのパンキッシュ

◎**生地**（直径18cm 1台分）
サンドイッチ用食パン——6枚
バター——大さじ2

◎**ソース**
A［卵——1個
　牛乳——50ml
　生クリーム——50ml
　塩・こしょう——少々］
よく混ぜ合わせて、ザルでこしておく。

パルメザンチーズ（粉）——大さじ2

◎**フィリング**
ミートボール（2cm角に切ったハンバーグでも可）——100g
たまねぎ——小1/2個
好みのきのこ（白しめじ等）——50g
チンゲン菜——50g
サラダ油・バター——各大さじ1/2
塩・こしょう——少々

●**作り方**
1. パンは対角線で切って三角にし、バターを塗る。塗った面を下にして型に並べ、パイウエイトを乗せ、160度のオーブンで5分ほどから焼きする。
2. たまねぎはせん切りにし、きのこはほぐしておく。チンゲン菜は食べやすい大きさにカットする。
3. フライパンにサラダ油とバターを中火で熱し、たまねぎを透き通るまで炒めたら、ミートボール、きのこ、チンゲン菜を加えて油がなじむ程度に炒め、塩・こしょうで味を調えて生地に詰める。
4. Aに粉チーズを混ぜて③に注ぎ入れ、180度のオーブンで20分ほど焼く。

ソースは真ん中に注げば、自動的に全体に広がっていく。

上に重なるように食パンを置き、放射状に並べていく。

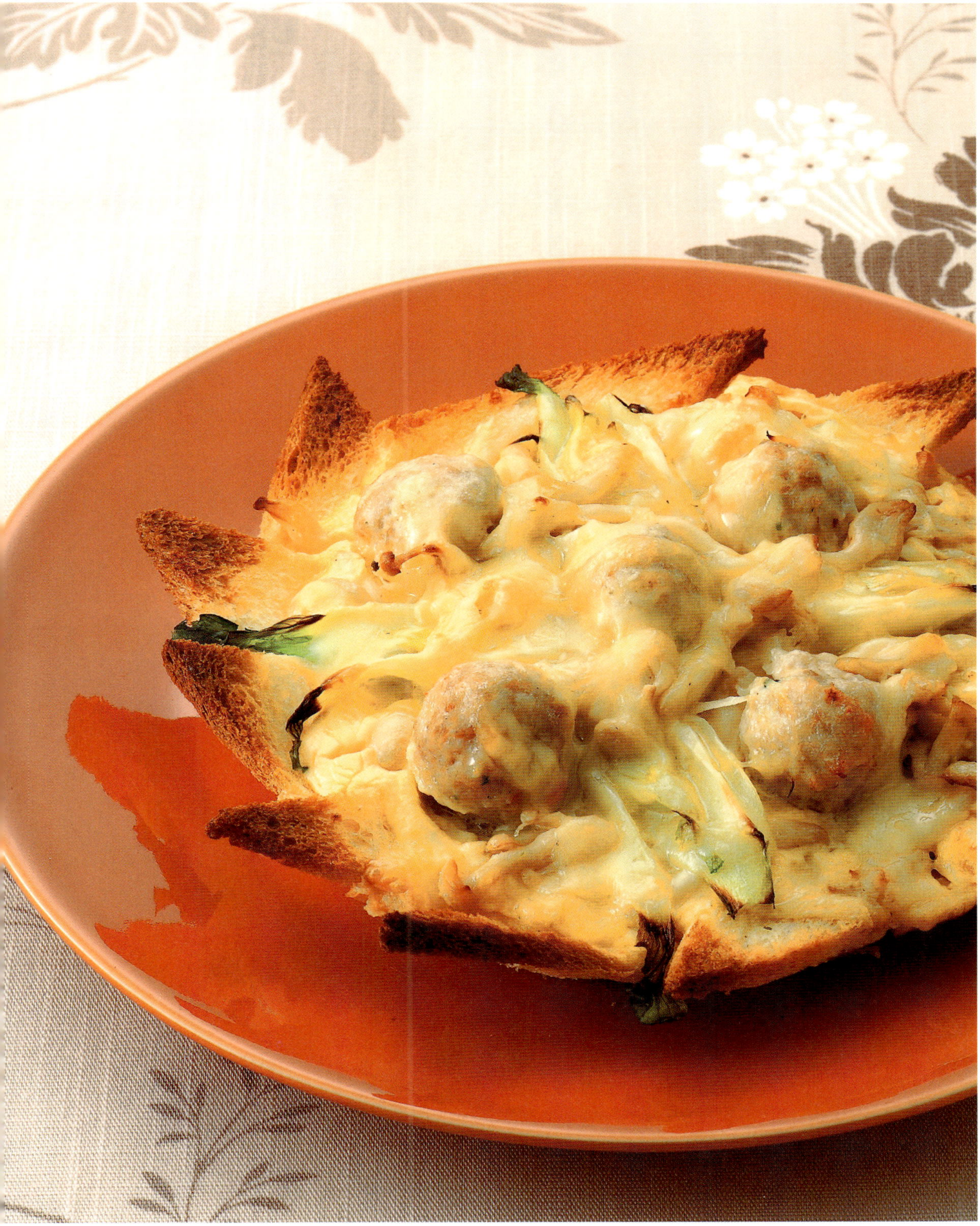

ぷっくりパンをそのまま器に、おしゃれなクイックキッシュ

ハッシュドビーフのパンキッシュ

◎**生地**(小型パン4個分)
ブリオッシュやプチパンなど──4個
バター──大さじ2

◎**フィリング**
牛肉こま切れ──100g
たまねぎ──小½個
にんにく──少々
きのこ(エリンギ・マッシュルーム・しめじなど)──計50g
サラダ油・バター──各大さじ½
赤ワイン──カップ½
塩・こしょう──少々
カマンベールチーズ──150g

A ─ 顆粒洋風だし──小さじ1
  ─ 基本のトマトソース(P34)──カップ½
  ─ ローリエ──1枚
  ─ パプリカパウダー──少々

※トマトソースの代わりにトマトピューレ(大さじ3)でも可。

●**作り方**

1. パンは上から4分の1で横にカットして中身を少し取り出し、切り口にバターを塗っておく。

2. たまねぎは薄切りに、にんにくはみじん切りにする。エリンギ、マッシュルームは薄切りに、しめじはほぐしておく。

3. 厚手の鍋にサラダ油とバターを入れて中火で熱し、たまねぎとにんにくを透き通るまで炒める。牛肉を加えて色が変わるまで炒め、きのこを加えてひと炒めする。

4. ③に赤ワインを加えて沸騰させたら、Aを加えてふたをし、弱火で10分ほど煮る。ふたを取って強火にし、汁気を飛ばすように煮て、塩・こしょうで味を調える。

5. ④を①に入れ、厚さ1cmにカットしたカマンベールチーズを詰めて、オーブントースターでチーズがトロリとするまで焼く。

ボリューム満点! 思いっきりかぶりつきたい、贅沢な味

牛ステーキのパンキッシュ

◎**生地**(長さ20cm 2人分)
バゲット——½本
バター——大さじ1

◎**ソース**
基本のトマトソース(P34)
　　——大さじ2

◎**フィリング**
牛肉ステーキ用
　　——2枚(100g×2枚)
塩・こしょう——少々
サラダ油——小さじ1
たまねぎ——小½個
きゅうりのピクルス——4個
ドライトマト——10個
スライスチーズ——4枚

●**作り方**
1. 室温に戻しておいたステーキ肉に塩・こしょうをして、サラダ油を中火で熱したフライパンで、表面に焼き色がつくまで焼く。取り出したら、食べやすい大きさに切る。
2. バゲットの厚みを半分に切る。
3. バゲットにバターを塗り、上にトマトソースを広げる。
4. 薄切りの輪切りにしたたまねぎを散らして、①、ピクルスの薄切り、ドライトマト、スライスチーズを乗せて、オーブントースターでチーズが溶けるまで焼く。

Bread TYPE

余った生地でもう1品

型に入れた後に、どうしても残ってしまう生地の切れ端。ほんの少しアレンジすれば、とってもおいしいおつまみやおやつに大変身します。

ウインナー巻き

●作り方
生地を幅3mm、長さ20cmに切ってウインナーを芯にクルクルと巻く。

ごまのプレッツェル

●作り方
生地を幅1cm、長さ12cmに切って黒ごま（適量）を振りかけ、両手で挟んでなじませるように棒状にし、ゆるい結び目を作る。

オーブン皿に並べ、170度のオーブンで20分ほど焼く。

Part 3

簡単タルト

フルーツ

りんごにいちご、ブルーベリー、チェリーなど、
素材そのものの味を生かして作る、フレッシュな風味のタルトです。

Fruit TASTE

生とジャム、2種のりんごで定番タルトをぐっとおいしく

りんごのタルト

◎**生地**（直径18cm 1台分）
薄力粉——300g
塩——小さじ1/3
粉砂糖——大さじ3
卵黄——1個
水——大さじ4〜5
バター（無塩）——150g
※木の葉飾り用の生地を含む。
生地の作り方はP8〜11。木の葉飾りが焦げやすいので、から焼きはしない。

◎**クリーム**
A ┌ りんご——1個（200g）
　│ 砂糖——120g
　│ バニラビーンズ——1/3本
　│ シナモンパウダー——少々
　└ 水——カップ1/4
レモン汁——小さじ1

◎**フィリング**
飾り用りんご
（紅玉など酸味のあるもの）——2個
レモン汁——大さじ2
つや出し用ジャム——適量

●**作り方**
1. 飾り用りんごは4つ切りにして芯を取り除き、厚さ2mmのくし型に切り、変色防止にレモン汁をかける。Aのりんごは皮と芯を取り除き、1cm角に切る。
2. Aを鍋に入れて中火にかけ、りんごが柔らかくなるまで煮る。レモン汁を加え、ときどきかき混ぜながら水分がなくなるまで煮詰める。
3. 生地に②を敷き詰め、上に①の飾り用りんごを並べて180度のオーブンで40分ほど焼く。
4. 粗熱が取れたら、りんごの上にハケでつや出し用ジャムを塗る。

葉っぱの型で抜いて、ペティナイフで模様をつけていく。

扇形に広げながらすき間なく並べると、きれいに仕上がる。

🔴 **つや出し用ジャム**
（作りやすい分量）
┌ あんずジャム——カップ1/2
└ 水——大さじ2

作り方
あんずジャムを裏ごしして水を加え、ひと煮してから冷ます。

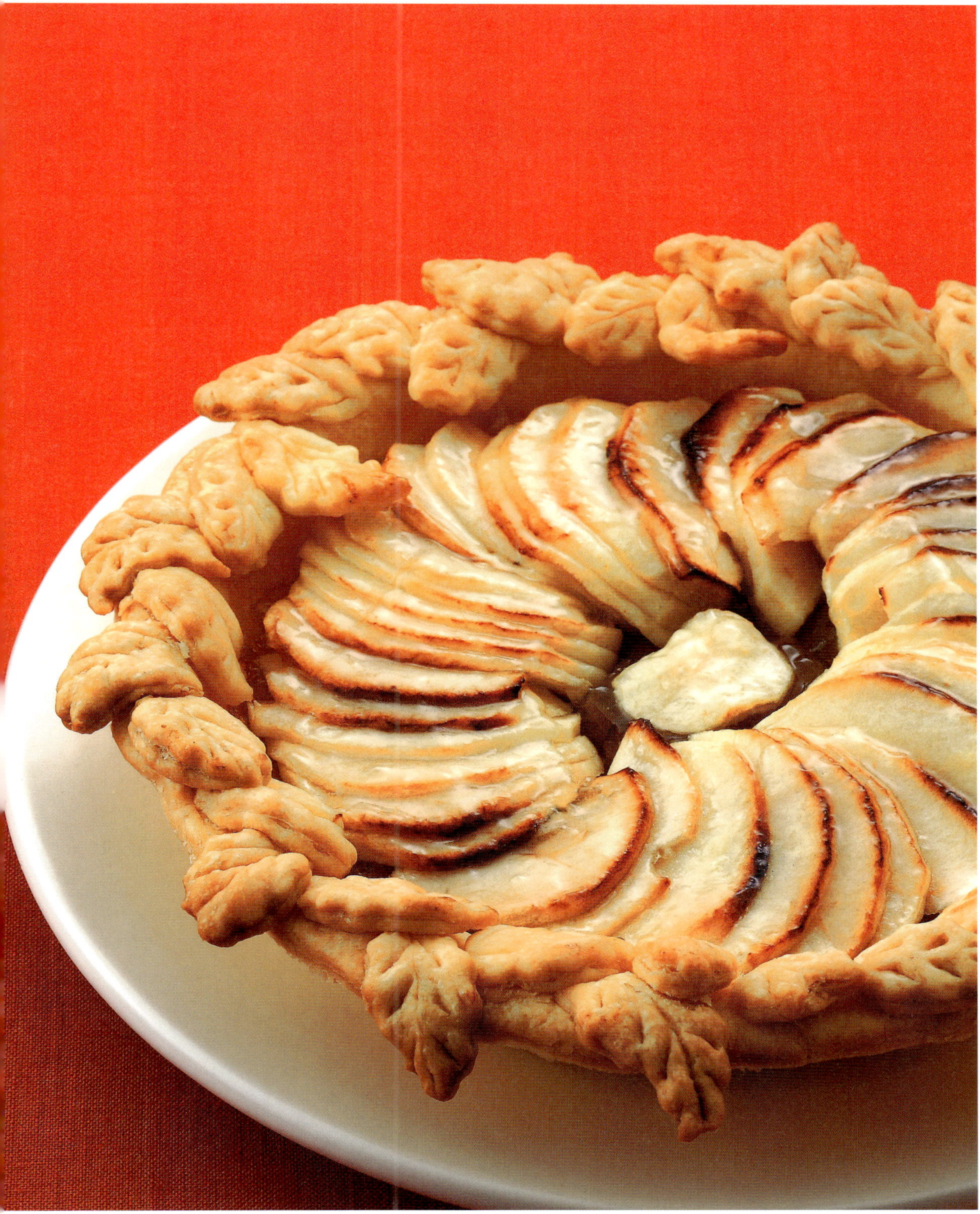

たっぷりのフレッシュいちごと甘～いミルクチョコの最高コンビ

いちごミルクのタルト

◎**生地**(直径10cm 4個分)
薄力粉——200g
塩——小さじ¼
粉砂糖——大さじ2
卵黄——1個
水——大さじ2～3
バター(無塩)——100g
生地の作り方はP8～11。

◎**クリーム**
ホワイトチョコレート——50g
A ┌ 生クリーム——50ml
  │ 砂糖——20g
  └ バニラエッセンス——少々

◎**フィリング**
小粒いちご——1パック
つや出し用ジャム(P66)——適量
ピスタチオ——適量

●**作り方**
1. ホワイトチョコレートを刻んでボウルに入れ、そこに小鍋で沸騰直前まで温めたAを注ぎ入れてゴムべらで混ぜ、チョコレートを溶かす。生地に流し入れ、冷蔵庫で10分ほど冷やし固める。
2. ヘタを取ったいちごを並べて、つや出し用ジャムをいちごの上にハケで塗り、粗めのみじん切りにしたピスタチオを飾る。

Fruit TASTE

甘酸っぱいブルーベリーとふわふわ生クリームがたっぷり

ブルーベリーのタルト

◎**生地**(直径10cm 4個分)
薄力粉——200g
塩——小さじ¼
粉砂糖——大さじ2
卵黄——1個
水——大さじ2〜3
バター(無塩)——100g
生地の作り方はP8〜11。

◎**クリーム**
A ┌ マスカルポーネチーズ——100g
  │ 砂糖——20g
  └ レモン汁——小さじ1
B ┌ 生クリーム——200ml
  │ 砂糖——10g
  └ バニラエッセンス——少々

◎**フィリング**
ブルーベリー——1パック(200g)
ブルーベリージャム——大さじ2
ミントの葉——適量

●**作り方**
1. ボウルにAを入れて泡立て器でよく混ぜ、なめらかなクリーム状になったら生地に詰める。
2. Bの生クリームと砂糖をボウルに入れて、角が立つまで泡立て、バニラエッセンスを加える。
3. ①にブルーベリージャムを乗せ、②をこんもりと絞り出してブルーベリーを飾る。
4. ミントの葉を飾る。

Fruit TASTE

チェリーを贅沢に使った、見た目もキュートなタルト
チェリーのタルト

◎生地(17cm×11cm 1台分)
薄力粉——300g
塩——小さじ⅓
粉砂糖——大さじ3
卵黄——1個
水——大さじ4〜5
バター(無塩)——150g
桜の花の塩漬け——大さじ2
※上にかぶせる用の生地を含む。
生地の作り方はP8〜11。⅔に桜の花の塩漬けを混ぜ(P18)、⅓は上にかぶせるために残しておく。

◎フィリング
アメリカンチェリー——500g
A ┌ 砂糖——80g
  │ レモン汁——大さじ½
  └ 水——大さじ2
B ┌ コーンスターチ——大さじ1
  └ 水——大さじ1
よく混ぜ合わせておく。
C ┌ 卵黄——1個
  └ 水——小さじ1
よく混ぜ合わせておく。

●作り方
1. チェリーはヘタと種を取り、Aと一緒に鍋に入れて中火にかけ、5分ほど煮る。
2. Bを①に加えて、ひと煮してトロミをつけ、冷ます。
3. ②を生地に詰めて、飾り切りをした生地をかぶせて、周りをぴったりと閉じ、余った生地はナイフで切り落とす。
4. Cを生地の表面にハケで薄く塗って、180度のオーブンで30分ほど焼く。

両手を生地の下に入れ、ゆっくり乗せていく。

切るときに、生地どうしがしっかりくっついているかを確認すること。

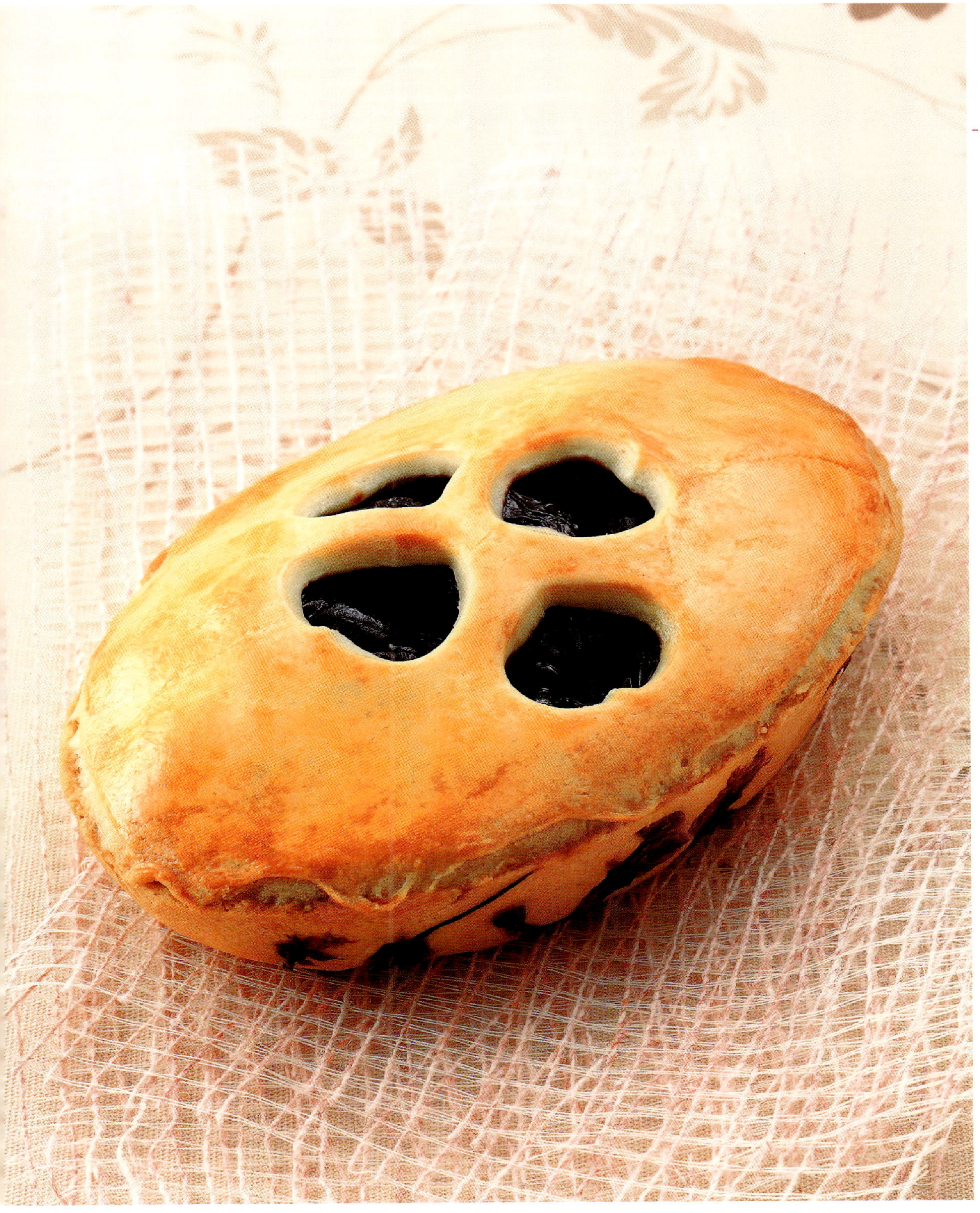

Fruit TASTE

ほどよいレモンの酸味とふんわりとした口溶けがポイント

レモンのタルト

◎生地(直径18cm 1台分)
薄力粉——200g
塩——小さじ¼
粉砂糖——大さじ2
卵黄——1個
水——大さじ2〜3
バター(無塩)——100g
生地の作り方はP8〜11。

◎フィリング
A [
レモン汁——50ml
砂糖——70g
卵——1個
卵黄——1個分
生クリーム——大さじ2
コーンスターチ——小さじ1
]
バター——30g
マシュマロ——6個
ミントの葉——適量

●作り方
1. ボウルにAの材料を上から順番に入れて泡立て器でよく混ぜ、こしながら鍋に移して弱火にかける。ゴムべらで混ぜながら煮て、とろみが出たら火から下ろし、バターを加えてよく混ぜる。

2. ①を生地に流し入れてマシュマロを飾り、200度のオーブンで5分ほど焼く。冷めたら、ミントの葉を飾る。

先がギザギザしたスプーンを使うと、よりきれいなレース模様が作れる。

大きめパイナップルの甘さをヨーグルトソースが引き立てる

パイナップルのタルト

◎生地（直径18cm 1台分）
薄力粉——200g
塩——小さじ¼
粉砂糖——大さじ2
卵黄——1個
水——大さじ2〜3
バター（無塩）——100g
生地の作り方はP8〜11。ふち飾りの端が焦げやすいので、から焼きはしない。

◎クリーム
卵——1個
砂糖——40g
ヨーグルト——80g
A ┌ 薄力粉——40g
　└ ベーキングパウダー——小さじ½
サラダ油——大さじ1

◎フィリング
パイナップル（缶詰・輪切り）
　——6切れ

●作り方
1. パイナップルは汁気を切る。Aは合わせて振るっておく。
2. ボウルに卵と砂糖を入れて泡だて器で白っぽくなるまですり混ぜ、ヨーグルトを加えてさらに混ぜる。
3. ②にAを加えてさっくりと混ぜ、サラダ油を加えてさらに混ぜる。
4. ③を生地に詰めてパイナップルを飾り、180度のオーブンで30分ほど焼く。

1cmほどの切り込みを入れ、指の先を使って折り込む。

チョコレート

さっくり焼き上げたブラウニーと、まろやかチョコとバナナのタルトを紹介します。
おやつはもちろん、贈り物にもぴったりです。

チョコの中にひそませたバナナ。ひと口で二度おいしい！

チョコレート・ガナッシュのタルト

◎生地(6cm×6cm 6個分)
薄力粉——200g
塩——小さじ¼
粉砂糖——大さじ2
卵黄——1個
水——大さじ2〜3
バター(無塩)——100g
生地の作り方はP8〜11。

◎クリーム
スイートチョコレート——100g
生クリーム——50ml
バター——10g
ブランデー——小さじ1

◎フィリング
バナナ——1本
ココア——適量
金箔(あれば)——適量

●作り方
1. 鍋に生クリームを入れて中火にかけ、沸騰したらすぐに火からおろす。
2. ①にバターと刻んだチョコレートを加え、ゆっくりと混ぜて溶かす。ブランデーを加えたらさらに混ぜる。
3. 厚さ2mmの輪切りにしたバナナを生地に詰めて②を流し入れ、冷蔵庫で10分ほど冷やし固める。
4. ココアを茶こしなどで振りかけ、金箔を飾る。

Chocolate TASTE

さっくりチョコ生地に、風味豊かなくるみとレーズンがよく合う

くるみとレーズンのブラウニー・タルト

◎生地（12cm×6cm 4個分）
薄力粉──200g
塩──小さじ¼
ココア──大さじ2
卵黄──1個
水──大さじ2〜3
バター（無塩）──100g
生地の作り方はP8〜11。

◎クリーム
スイートチョコレート──150g
バター──75g
砂糖──75g
卵──1個
ラム酒──大さじ1
薄力粉──80g
ベーキングパウダー──小さじ½

◎フィリング
くるみ──30g
レーズン──20g
粉砂糖──適量

●作り方
1. ボウルに刻んだチョコレート、バター、砂糖を入れて湯煎にかけ、チョコレートが溶けたら湯煎から外してよく混ぜる。
2. ①に溶き卵を少しずつ加えながら混ぜ、ラム酒を加えてさらに混ぜる。
3. 薄力粉とベーキングパウダーを合わせて振るい入れ、なめらかになるまで混ぜ合わせる。乾煎りしたくるみと、ぬるま湯で戻したレーズンを加えてさっくりと混ぜる。
4. ③を生地に流し入れ180度のオーブンで25分ほど焼く。冷めたら粉砂糖を茶こしなどで振りかける。

カスタードクリーム

バニラ風味のカスタードクリームを使った、優しい味わいのタルト。
季節のフルーツに合わせても、甘さをプラスしてそのまま焼き上げてもおいしい。

2種のオレンジ使い。さっぱりした甘さがあとをひく

2色オレンジのタルト

◎生地（1辺20cm・三角形 1台分）
薄力粉——200g
塩——小さじ¼
粉砂糖——大さじ2
卵黄——1個
水——大さじ2～3
バター（無塩）——100g
オレンジピール——大さじ2
生地の作り方はP8～11。せん切りにしたオレンジピールを混ぜる（P18）。

◎クリーム
基本のカスタードクリーム（下記）
　　——全量の½
生クリーム——100ml
砂糖——10g
コアントロー——小さじ1

◎フィリング
オレンジ——1個
ブラッドオレンジ——1個
つや出し用ジャム（P66）——適量

● 作り方
1. オレンジは房から出しておく。
2. ボウルに生クリームと砂糖を入れて泡立て器で角が立つまで泡立てる。コアントローで風味をつけ、カスタードクリームを加えて混ぜ、生地に詰める。
3. ②に2種類のオレンジを交互に飾る。
4. オレンジの上につや出し用ジャムをハケで塗る。

基本のカスタードクリーム
（作りやすい分量）

卵黄——2個
砂糖——50g
薄力粉——20g
牛乳——200ml
バニラエッセンス——少々
バター——20g

作り方

1. ボウルに卵黄と砂糖を入れ、白っぽくなるまで泡立て器ですり混ぜる。
2. 薄力粉を振り入れてよく混ぜる。
3. 鍋に牛乳を入れて弱火にかけ、湯気が立つくらいまで温める。
4. ③を②に注ぎ入れながらよく混ぜ、こして鍋に戻す。
5. 混ぜながら弱火にかけてとろみをつけ、火を止めてバニラエッセンスとバターを加えて混ぜる。バットなどへ移して平らにし、ラップで表面を覆って冷ます。

※作った当日に使い切ること。
※アルミ鍋を使う場合は、クリームが黒ずんでしまうので、泡立て器ではなく木べらを使う（銅やステンレスの鍋の場合はOK）。

Custard TASTE

クリーミーでなめらかな甘さがやみつきになる人気の味わい

エッグタルト

◎生地（直径8cm・小判型 6個分）
薄力粉——200g
塩——小さじ¼
粉砂糖——大さじ2
卵黄——1個
水——大さじ2〜3
バター（無塩）——100g
生地の作り方はP8〜11。

◎フィリング
A[卵黄——3個分
　 砂糖——40g]
コーンスターチ——大さじ1
薄力粉——大さじ1
B[牛乳——150ml
　 砂糖——10g]
バニラエッセンス——少々

●作り方
1. ボウルにAを入れて泡立て器でよくすり混ぜる。コーンスターチと薄力粉を合わせて振り入れ、粉っぽさがなくなるまで混ぜる。
2. Bを湯気が立つ程度に温め、①に少しずつ加えながら混ぜ、こして鍋に戻す。
3. 弱火にかけてとろみが出るまで煮たら火から下ろし、バニラエッセンスを加えて粗熱を取る。
4. ③を生地に詰めて180度のオーブンで25分ほど焼く。

Custard TASTE

季節のフルーツをふんだんに使って豪華に仕上げて

フレッシュフルーツのタルト

◎**生地**(直径18cm 1台分)
薄力粉——200g
塩——小さじ¼
粉砂糖——大さじ2
卵黄——1個
水——大さじ2〜3
バター(無塩)——100g
生地の作り方はP8〜11。

◎**クリーム**
基本のカスタードクリーム(P76)
　　——全量の⅓
生クリーム——100ml
砂糖——10g

◎**フィリング**
バナナ、キウィ、メロン、パイナップル、ブルーベリー、ぶどう、いちご、りんごなど——適量

●**作り方**
1. 生クリームと砂糖をボウルに入れて泡立て器で角が立つまで泡立て、カスタードクリームを加えてなめらかになるまで混ぜ、生地に詰める。
2. フルーツを彩りよく飾る。

アーモンドクリーム

なめらかなバタークリームに、アーモンドの香ばしい風味とコクを加えました。
甘いシロップに漬けたフルーツや栗によく合います。

ゴロゴロと大きな洋ナシがたっぷり入って香ばしい

洋ナシのタルト

◎生地（10cm×25cm 1台分）
薄力粉——200g
塩——小さじ¼
粉砂糖——大さじ2
卵黄——1個
水——大さじ2〜3
バター（無塩）——100g
生地の作り方はP8〜11。

◎クリーム
基本のアーモンドクリーム（右記）
　　——全量
ラム酒——大さじ½

◎フィリング
洋ナシのシロップ煮
　　——1缶425g（固形量250g）
つや出し用ジャム（P66）——適量

●作り方
1. 洋ナシの汁気を切って果実のみを使う。
2. アーモンドクリームにラム酒を混ぜ生地に詰めたら①を置き、180度のオーブンで30分ほど焼く。
3. 粗熱が取れたら、つや出し用ジャムを洋ナシの上にハケで塗る。

基本のアーモンドクリーム
（作りやすい分量）

バター——100g
粉砂糖——100g
卵——2個
アーモンドプードル——100g
バニラエッセンス——少々

作り方
1. バターをボウルに入れて泡立て器でクリーム状に練り、粉砂糖を加えてよく混ぜる。
2. 溶き卵を3回に分けて加えながら、よく混ぜる。
3. アーモンドプードルを加えてゴムべらでよく混ぜ、バニラエッセンスを加えてさらに混ぜる。

※冷蔵庫で1週間ほど保存可能。

Almond TASTE

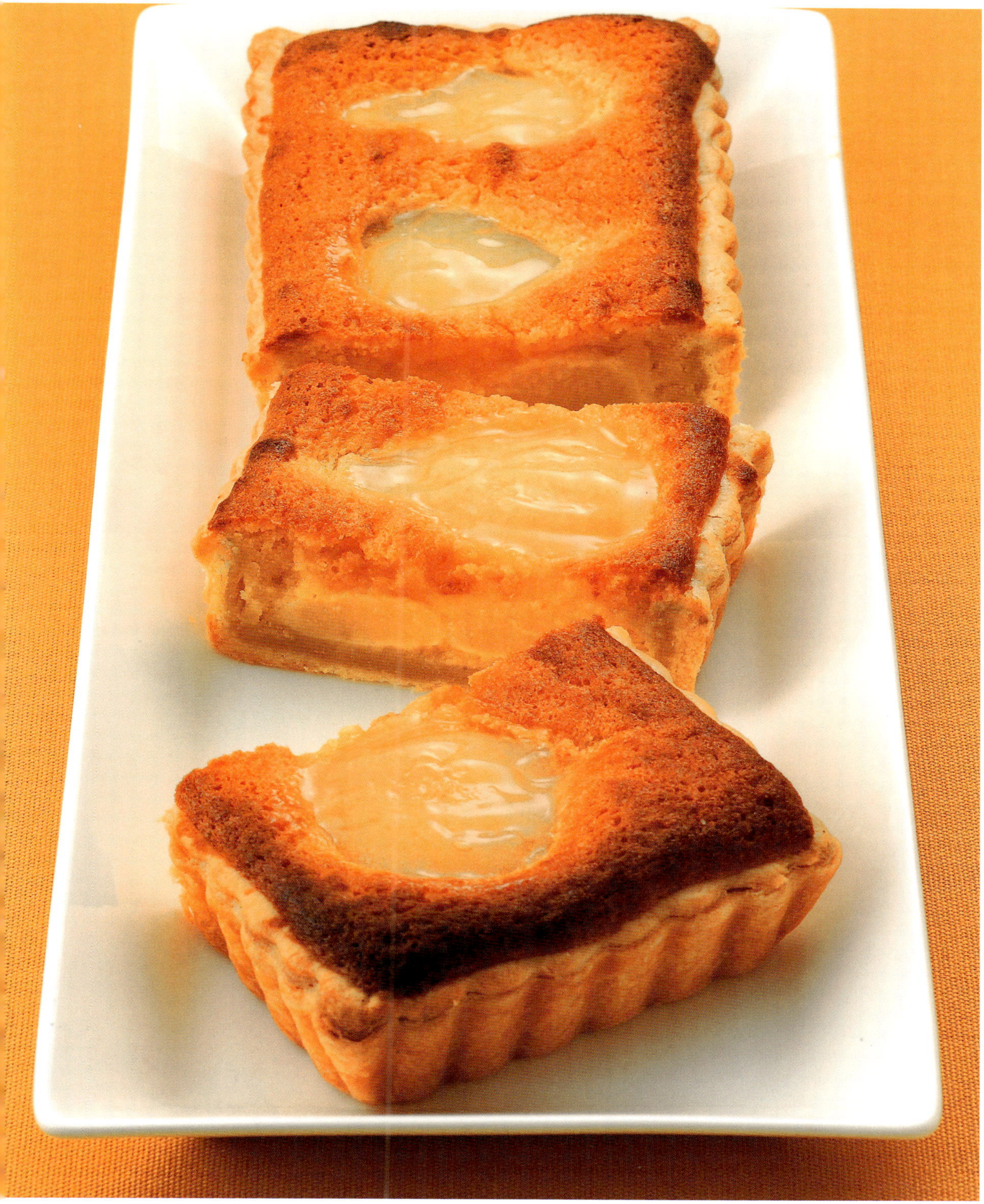

Almond TASTE

甘い栗と風味豊かなアーモンドクリームがベストマッチ
マロンのタルト

◎**生地**(直径18cm 1台分)
薄力粉──200g
塩──小さじ¼
粉砂糖──大さじ2
卵黄──1個
水──大さじ2〜3
バター(無塩)──100g
生地の作り方はP8〜11。

◎**クリーム**
基本のアーモンドクリーム(P80)
　──全量

◎**フィリング**
栗の甘露煮──8粒
アーモンドスライス──大さじ2

●**作り方**
1. 生地にアーモンドクリームの⅓量を敷いて栗を乗せ、残りのクリームで覆う。
2. アーモンドスライスを散らし、180度のオーブンで30分ほど焼く。

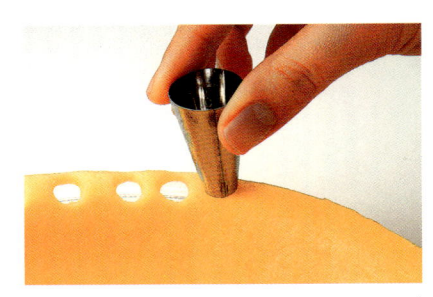

丸い口金の代わりに、ハートや星などの小さな型を使ってもかわいく仕上がる。

栗は甘栗やマロングラッセを使ってもOK。

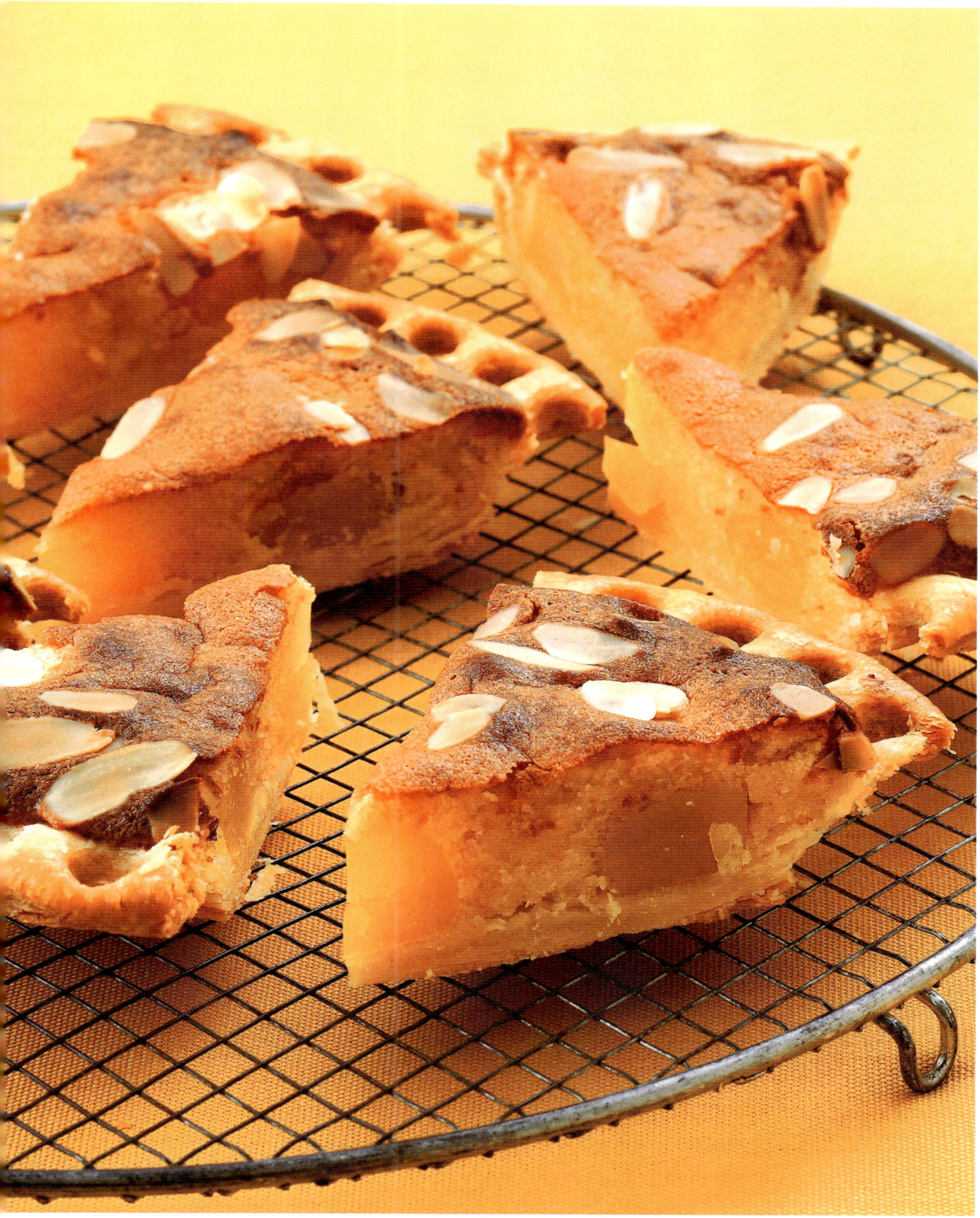

チーズ

焼いて仕上げるチーズタルトと並ぶ定番の味。
ほどよい酸味のレアチーズがさくっとしたタルト生地によく合います。

酸味の効いたレアチーズにピスタチオでコクをプラスして

レアチーズのタルト

◎生地(直径18cm 1台分)
薄力粉——200g
塩——小さじ¼
粉砂糖——大さじ2
卵黄——1個
水——大さじ2～3
バター(無塩)——100g
ピスタチオ——大さじ2
生地の作り方はP8～11。粗いみじん切りにしたピスタチオを混ぜる(P18)。

◎フィリング
クリームチーズ——200g
砂糖——80g
ヨーグルト——150g
生クリーム——100ml
レモン汁——小さじ1
A［粉ゼラチン——5g
　 水——大さじ2
ピスタチオ——適量

●作り方
1. 生地の周囲に合わせて、厚紙でふちを作っておく。Aのゼラチンを耐熱の器に入れ、水でふやかしておく。
2. 室温に戻したクリームチーズをボウルに入れて、泡立て器でクリーム状に練り、砂糖を加えてよく混ぜる。
3. ヨーグルトと生クリーム、レモン汁を加えて混ぜてザルなどでこす。
4. Aを600wの電子レンジで30秒加熱して溶かし、③に加えて混ぜる。
5. ④を厚紙で覆った生地のふちまで流し入れ、冷蔵庫で2時間ほど冷やし固める。
6. 砕いたピスタチオを飾る。

約5cm幅に切った厚紙で、生地より2cm高くして周囲を囲む。ぴったり合わせるのがポイント。

ピスタチオは、ビニール袋に入れて上からめん棒で叩くと、飛び散ることもなく安心。

Cheese TASTE

アンチアレルギー

アンチアレルギーの生地は、タルトにもぴったり。
通常の生地の代わりとして、どんなフィリングにも合います。

Anti-Allergy

緑鮮やかな抹茶ムースにコロンとした甘納豆でかわいらしく

甘納豆と抹茶のタルト

◎生地(6cm×6cm 6個分)
製菓用米粉──100g
コーンミール──50g
アーモンドパウダー──50g
粉砂糖──小さじ1
水──大さじ3〜4
ショートニング(植物性油脂)
　　──100g
生地の作り方はP52。

◎クリーム
抹茶──5g
豆乳──100ml
砂糖──30g
生クリーム(アンチアレルギー用・
豆乳生クリーム)──100ml
A ┌ 粉ゼラチン──5g
　└ 水──大さじ1

◎フィリング
グラニュー糖──適量
甘納豆──適量
煎茶の葉──適量

●作り方
1. Aのゼラチンを水でふやかしておく。
2. 豆乳と砂糖を鍋に入れて沸騰直前まで沸かして火から下ろし、①を加えて溶かす。
3. ボウルに入れた抹茶に②を少しずつ注いで泡立て器でよく混ぜ、ボウルの底を氷水につけてとろみが出るまで冷ます。
4. 泡立て器のあとがすじになって残るくらいまで泡立てた生クリームを、2回に分けて加える。
5. 生地のふちにグラニュー糖をまぶして④を詰め、甘納豆を飾って茶葉を振りかける。

密閉容器での混ぜ方は、普通の生地とほとんど同じ。詳しい作り方はP52を参照。

豆乳、抹茶、ゼラチンを混ぜ合わせてから、豆乳生クリームを加える。

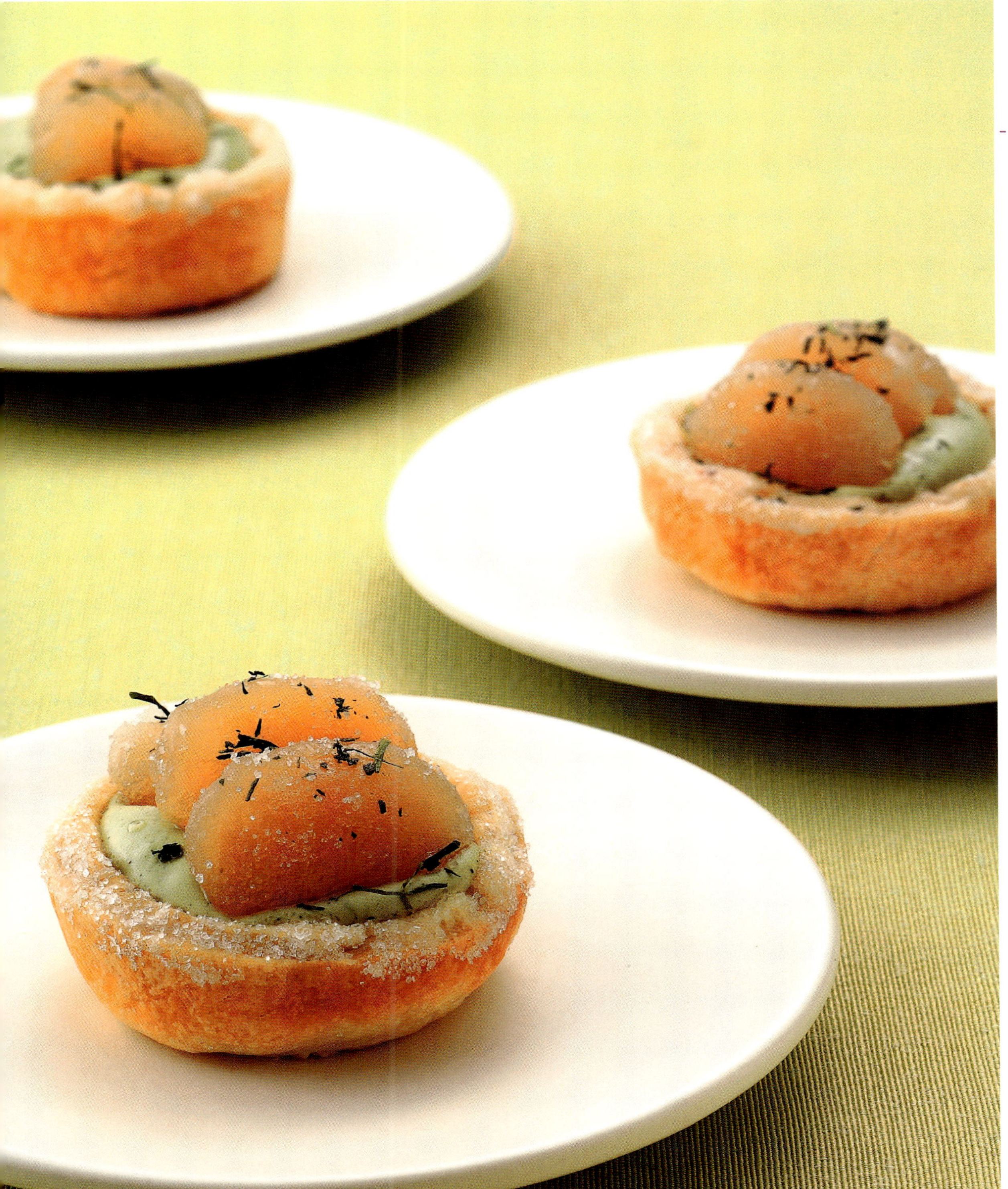

ミントシロップに漬け込んだトマトがさっぱりおいしい

プチトマトのタルト

◎生地（12cm×6cm・船型 6個分）
製菓用米粉——150g
アーモンドパウダー——50g
粉砂糖——小さじ1
ショートニング（植物性油脂）
　　——100g
豆乳——大さじ3〜4
生地の作り方はP52。

◎フィリング
プチトマト——25個
A ┌ 水——200ml
　│ 砂糖——100g
　└ レモン薄切り——½個分
ミント——1枝
アーモンドスライス——適量
ミントの葉——適量

●作り方
1. 小鍋に湯を沸かし、ヘタを取ったプチトマトを入れて5秒たったらザルにあけ、氷水に取って皮をむく。
2. 鍋にAを入れて中火にかけ、砂糖が溶けたら火を止めてミントを加える。シロップが熱いうちに①を加えて冷まし、冷蔵庫で一晩冷やして味を含ませる。
3. 生地に水気を切った②を詰め、粗く砕いたアーモンドスライスとミントの葉を飾る。

Anti-Allergy

カボチャそのものの味がする濃厚クリームをたっぷりと

パンプキンクリームのタルト

◎生地（直径10cm 4個分）
製菓用米粉──100g
コーンミール──50g
アーモンドパウダー──50g
粉砂糖──小さじ1
水──大さじ3〜4
ショートニング（植物性油脂）
　　──100g
ポピーシード──小さじ1
生地の作り方はP52。
ポピーシードを
混ぜる（P18）。

◎クリーム
かぼちゃ──¼個（200g）
砂糖──50g
バター──10g
シナモンパウダー──少々
生クリーム──大さじ3

◎フィリング
さつまいも──½本（100g）
A ┌ 水──100ml
　│ 砂糖──大さじ1
　│ レモン薄切り──1枚
　└ 塩──少々

●作り方
1. さつまいもは厚さ5mmの銀杏切りにして鍋に入れ、Aを加えてふたをし、柔らかくなるまで弱火で煮て冷ます。
2. かぼちゃは皮と種を取って小さめの乱切りにし、耐熱皿に入れて水大さじ2（分量外）を振りかけラップで覆い、600wの電子レンジで柔らかくなるまで4分ほど加熱する。
3. 粗熱を取って砂糖、バター、シナモンパウダーを加えてフードプロセッサーにかけ、生クリームを加えてなめらかなクリーム状になるまで撹拌する。
4. 生地に③を絞り、水気を切った①を飾る。

型いらず

タルト生地は、型に入れずにそのまま焼いてもおいしく食べられます。
薄くのばして、シナモンシュガーや木の実を入れてかわいく焼き上げましょう。

Easy ARRANGE

シナモンシュガーや木の実をくるくる巻くだけ簡単タルト

シナモンのロールタルト

◎生地(10〜12個)
薄力粉——200g
塩——小さじ1/4
粉砂糖——大さじ2
卵黄——1個
水——大さじ2〜3
バター(無塩)——100g
生地の作り方はP8〜11。から焼きはせずに、25cm×20cmにのばしておく。

◎フィリング
グラニュー糖——大さじ3
シナモンパウダー——小さじ2
レーズン——大さじ3
くるみ——5粒

●作り方
1. くるみはフライパンで乾煎りし、手で粗く割る。
2. のばした生地全体にグラニュー糖とシナモンパウダーを合わせて振りかけ、レーズンとくるみを散らす。
3. 端からクルクルと巻いて、厚さ1.5〜2cmにカットする。
4. 170度のオーブンで30分ほど焼く。

丸めながら、生地についたラップをはがしていく。

それぞれがくっつかないように並べる。このとき、厚さをそろえておくと、焼き上がりが均一になる。

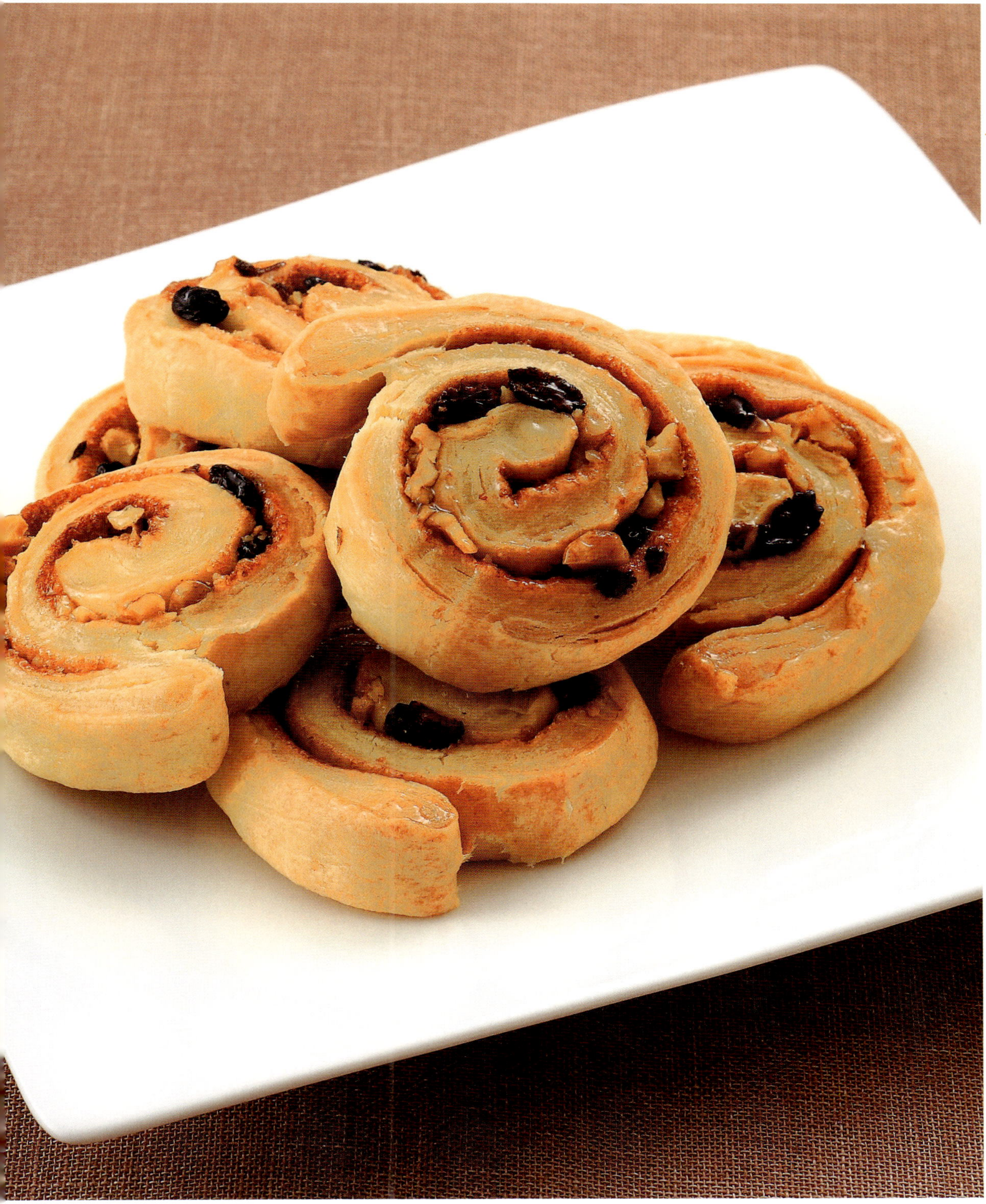

余った生地でクッキー3種

余った生地で作れるおつまみを、64ページで紹介しました。
このページでは、見た目もかわいらしいクッキーのレシピをお届けします。

ココナッツクッキー

◎フィリング
ココナッツロング（ココナッツの果肉を削って乾燥させたもの）——適量
※他のナッツ類でも可。
グラニュー糖——適量

●作り方
1. 生地の表面にグラニュー糖を少々振りかけ、練り直したら丸めて厚さ5mmの輪切りにする。
2. 表面にココナッツロングをまぶしてオーブン皿に並べ、180度のオーブンで20分ほど焼く。

マシュマロサンドクッキー

◎フィリング
マシュマロ
　　——クッキー1個分につき1個

●作り方
1. 生地を厚さ5mm、マシュマロの2倍の大きさに丸くくり抜き、オーブン皿に並べて180度のオーブンで20分ほど焼き、粗熱を取っておく。
2. 半数のクッキーの上にマシュマロを乗せ、200度のオーブンでマシュマロがこんがりするまで3分ほど焼く。
3. 取り出して、残りのクッキーを押し付けるようにサンドする。

スティッククッキー

◎フィリング
ホワイトチョコレート——適量

●作り方
1. 生地を棒状に伸ばして好みの長さに切り、180度のオーブンで20分ほど焼き、冷ましておく。
2. ホワイトチョコレートを刻んで湯煎にかけて溶かし、①につけて乾かす。

3種同時に焼くときは、焼き具合をチェックすること。

道具リスト

計量カップ、大さじ・小さじ
計量カップは200mlのものが基本。目盛りがはっきりし、持ちやすいものを選びましょう。粉や塩を量るときは、多めにすくって、スプーンの柄などで平らにしてすりきりで量ります。

ペティナイフ
手に収まりがよく、先の尖ったペティナイフはぜひ用意しておきましょう。野菜や果物のヘタを取り除く、生地の端を切り落とすなど、細かい作業をするときに大変重宝します。

パイウエイト（タルトストーン）
から焼きするときに、生地が膨らむのを防ぐ重しの役割を果たします。もしなければ、洗った小石などでも代用できますが、できれば重さのあるアルミ製のものを用意しましょう。

ハケ、ゴムべら
ハケは、卵黄やジャムを塗るときに使用。毛が長く、根元が詰まっているものを選びましょう。ゴムべらは、材料をさっくり混ぜるときや、生地をきれいにかき集めるのに便利です。

スケール
重さを量るときに使います。家庭で使うものなら1kgまで量れれば十分。1g単位で量れるものを選びましょう。デジタルのものが見やすく、扱いやすいのでおすすめです。

茶こし、ザル
仕上げに粉砂糖などを振るときに茶こしを使います。ザルは粉類を振るのに使います。振るのは、粉をサラサラにすることでダマをなくし、仕上がりをなめらかにするため。

めん棒
直径が4cm以上ある重いものなら、余分な力がいらず、扱いやすいのでおすすめです。材質はさまざまですが、手になじむ木製のものが最適です。1回分ならラップの芯でも代用できます。

ケーキクーラー
から焼きした生地や、焼き上げたキッシュなどを冷ますのに使う金網。足つきタイプなら、通気性がよく余分な熱を逃がしてくれるので、早く冷ますことができます。

密閉容器
生地の材料を混ぜるのにも使えますし（P9）、余った材料や生地などの保存にも便利です。ふたがきちっと閉まり、中身が見える透明なものを用意しましょう。

Tools

著者紹介

三宅郁美（みやけいくみ）

1985年より5年間フランスに在住し、「ル・コルドンブルー」「エコール・リッツ・エスコフィエ」にて、菓子・料理を学び、ディプロムを取得。1990年より2年間在住したアメリカでは、料理サロンを主宰する他、マンハッタンのカルチャースクール料理講師を務める。
帰国後、東京・目白の自宅で、テーブルコーディネートも学べる三宅郁美料理サロン「LE TABLIER BLANC（ル・タブリエ・ブラン）」を主宰。わかりやすいレシピと明るい人柄が人気の料理家。 http://www.ikumi-miyake.com/

STAFF

デザイン	釜内由紀江、飛岡綾子（GRiD CO.,LTD.）
撮影	菅原史子
スタイリング	高木ひろ子（表紙、P7、P25、P27、P53、P59、P65、P67、P81、P83、P87、P91、P94〜95）
調理アシスタント	古田睦美、中村恭子、大舘真祐子（ル・タブリエ・ブラン）
編集・構成	柳澤英子、今麻美（株式会社ケイ・ライターズクラブ）
企画・進行	宮崎友美子（辰巳出版株式会社）

いちばんやさしい！ いちばんおいしい！
キッシュ＆タルト

平成21年5月1日　初版第1刷発行
平成25年3月25日　初版第17刷発行

著者	三宅郁美
編集人	井上祐彦
発行人	穂谷竹俊
発行所	株式会社 日東書院本社

〒160-0022 東京都新宿区新宿2丁目15番14号 辰巳ビル
TEL：03-5360-7522（代表）
FAX：03-5360-8951（販売部）
URL：http://www.TG-NET.co.jp/

印刷所・製本所　凸版印刷株式会社
本書の無断複写複製（コピー）は、著作権法上での例外を除き、著作者、出版社の権利侵害となります。
乱丁・落丁はお取り替えいたします。小社販売部までご連絡ください。
©ikumi miyake 2009.Printed in Japan
ISBN978-4-528-01973-7 C2077